Element – System – Möbel

Werner Blaser

Element – System – Möbel

Wege von der Architektur zum Design

Mit einer Einführung von Rudolf Baresel-Bofinger
und Beiträgen von Hans Gugelot

Deutsche Verlags-Anstalt · Stuttgart

CIP-Kurztitelaufnahme der Deutschen Bibliothek

Blaser, Werner:
Element – System – Möbel: Wege von d. Architektur zum Design / Werner Blaser. Mit e. Einf. von Rudolf Baresel-Bofinger u. Beitr. von Hans Gugelot. – Stuttgart: Deutsche Verlags-Anstalt, 1984.
ISBN 3-421-02822-2

Lektorat: Nora von Mühlendahl
Typographische Gestaltung: Werner Blaser
Satz und Druck: Offizin Chr. Scheufele, Stuttgart
Bindearbeiten: Werner Müller, Stuttgart
Papier: Phoeno-Matt von der Papierfabrik Scheufelen, Oberlenningen
Printed in Germany

Begegnung mit Bofingers M 125 an der Hochschule für Gestaltung in Ulm, um 1960. Der Architekt Hans Gugelot, Inge Aicher, Vorsteherin der Geschwister-Scholl-Stiftung, Theodor Heuss, damaliger Bundespräsident, Theodor Pfizer, damaliger Oberbürgermeister. Auf die Frage, was Qualität sei, hat Theodor Heuss einmal treffend geantwortet: »Qualität ist ganz einfach das Anständige«.

Inhalt

8 Vorbemerkung
Architektur bis ins Möbel

9 Rudolf Baresel-Bofinger
Möbelbau – ein Prozeß

29 Hans Gugelot
Was ist Design?

33 Zum Bofinger-Möbelsystem M 125

34 Hans Gugelot
Beschreibung und Analyse des Baukastensystems M 125

36 Vorspann zum Bofinger-Möbelsystem M 125
Beispiele vom Möbel zur Architektur: vom japanischen und türkischen Raumkonzept über die Architektur von Mackintosh, Wright und Rietveld bis zum progressiven Möbeldesign von heute

57 Bofinger-Möbelsystem M 125
von Hans Gugelot
Aufbaumöbel, ausgehend vom Grundmaß 125 Millimeter, mit unzähligen Variationen in der Zusammensetzung

88 Bofinger-Faltwandschrank
von Hans Gugelot
Serienprodukt einer endlosen Schrankwand mit Raumhöhen von 205 bis ca. 300 cm

92 Zum Bofinger-Kunststoffstuhl
vom Architekturbüro Bätzner

93 Vorspann zum Bofinger-Stuhl aus Polyester
Beispiele vom Möbel zur Architektur: vom Faltsessel aus der Alhambra zur Volksarchitektur in Norwegen, Finnland und Rumänien. Vorbilder von Hoffmann, Mies van der Rohe und anderen bis zu den Prinzipien einer Hängebrücke unserer Zeit

109 Bofinger-Kunststoffstuhl
der erste glasfaserverstärkte Kunststoffstuhl aus Polyester für Innen- und Außenräume

124 Zum Bofinger-Sessel von Mehnert und Valenta

125 Vorspann zum Bofinger-Sessel
Beispiele vom Möbel zur Architektur: vom Werkzeug zum Möbel aus China, US-Patente aus dem 19. Jahrhundert, über Thonet, Le Corbusier, Eileen Gray, Mies van der Rohe bis zur totalen Wohneinheit von Joe Colombo

141 Bofinger-Sessel
Ruhesessel aus ABS-Kunststoff, Sitzkomfort ohne Mechanik

153 Nachbemerkungen

154 Verwendete Literatur

155 Aulis Blomstedt
Harmonische Studien

156 Le Corbusiers Maßregeln »Modulor«

158 Cartoon von Jules Stauber über den Bofinger-Kunststoffstuhl

159 Literatur von Werner Blaser zum Thema dieses Buches
Hommage an Hans Gugelot

Vorbemerkung
Architektur bis ins Möbel

Der bekannte Werkpädagoge Hans Schwippert hat in einer Einleitung zum »Darmstädter Gespräch« 1951 gesagt: »Wohnen kommt vor dem Bauen. So wird das Wohnen das Bauen bestimmen. So wird das Bauen ganz aus dem geformt sein, was Wohnen eigentlich will und meint. Innerhalb des großen Grundanliegens der menschlichen Behausung bildet sich Wohnen in vielfältigen Varianten aus, im Spiegel der Zeiten und ihrer Abläufe.«
Bauen bedeutet die organisch-harmonische Konstruktion eines Ganzen. Demnach ist auch das Möbel ein Stück Architektur. In Le Corbusiers Buch »Kommende Baukunst« finden wir ein prägnantes Zitat gerade für diese Aussage: »Es gibt etwas, was uns entzückt. Es ist das Maß. Messen, aufteilen in rhythmische Größen, die alle von dem gleichen Atem belebt sind. Überall einheitliche, subtile Beziehungen walten lassen, ein Gleichgewicht herstellen, die Gleichung lösen.« Vor diesem Hintergrund kamen wir dazu, das Gesetz von Fuge, Masse, Körper und Raum sichtbar zu machen und daraus die knappe Formulierung des Titels »Element-System-Möbel« abzuleiten.
Im »Wörterbuch der philosophischen Grundbegriffe« wird das Wort Element mit »Grundbestandteil« und das Wort System mit »das Zusammengesetzte, die Zusammenstellung, das geordnete Ganze« umschrieben. Mit dem Wort Möbel oder Mobiliar ist die »bewegliche Habe«, das Mobile, gemeint. Das Bofinger-Produkt ist also durch den Grundbestandteil, das geordnete Ganze und die Mobilität gekennzeichnet. Die Bauten und Möbel, die hier gezeigt werden, weisen Gemeinsamkeiten in ihrem Konzept aufgrund der Konstruktionsgesetze und der räumlichen Gestaltung auf.
Als Ergebnis einer jahrzehntelangen Suche nach Analogien im Bauschaffen werden elementare Formen den Klassikern des zwanzigsten Jahrhunderts gegenübergestellt. Es soll ein Aufbruch zu neuen Idealen sein, in dem aus der grundsätzlichen Anwendung und dem Gegenüberstellen von altbewährten Normen und Werten auch Inspiration für unser Bauschaffen hervorgeht.
Rudolf Baresel-Bofinger berichtet in einer Einführung über die geistigen Voraussetzungen im Möbelbau und über die Bedeutung des viel zu früh verstorbenen Architekten und Designers Hans Gugelot. Den drei wesentlichen Kapiteln im Hauptteil vorangestellt ist die Konfrontation von Werken von gestern und heute, bei denen Ordnung und Schönheit am klarsten zur Darstellung kommen. In der Gleichsetzung von Bau und Möbel sind Architektur und Wohnform eins. Den Bezug vom Bofinger-Möbelsystem M 125 zum ersten Kapitel schafft die japanische Pavillonarchitektur des 17. bis 19. Jahrhunderts, die offene Durchgliederung der Raumfolge, die »modulare Koordination«. Im zweiten Kapitel finden wir den Bezug zum Bofinger-Kunststoffstuhl in der Volksarchitektur und in der Metamorphose der Muschelgestalt. Der Bezugspunkt zum Bofinger-Sessel im dritten Kapitel liegt in der Gegenüberstellung der Sitzformen, hier vor dem Gebrauch verstellbar, bei der Bofinger-Sitzform hingegen während des Gebrauchs, nach dem Bedürfnis des Benützers.
Der Schweizer Wirtschaftsfachmann Hans von Werra hat über Kreativität und Innovation gesagt: »Erfolg am Markt haben kommt aus der Reihenfolge Erfinden – Entdecken – Entwickeln – Konstruieren – Produzieren – Verkaufen. In der Innovation liegt der Mut zum Wagnis, die Nutzung aller Chancen, das schöpferische Denken, die Kreativität.« Diese Forderung finden wir in den drei Objekten der Bofinger-Produktion schon seit über 25 Jahren erfüllt.

Rudolf Baresel-Bofinger
Möbelbau – ein Prozeß

Meine erste Begegnung mit dem leider viel zu früh verstorbenen Architekten und Produktgestalter Hans Gugelot verlief sehr dramatisch: Als ich ihn fragte, ob er mir ein Möbel entwerfen könne, antwortete er kategorisch: »Ich denke nur in Systemen und kann Ihnen nur ein Möbelsystem entwickeln.«
Als Handwerker mit einer kleinen Schreinerei und beschränkten finanziellen Möglichkeiten schreckte ich zunächst vor einer solchen Idee zurück. Ich habe diesen Gedanken jedoch später aufgegriffen und beispielsweise mit dem zerlegbaren Möbelprogramm M 125 ein solches System realisiert.
Hans Gugelot traf ich damals, im Jahre 1956, an der Hochschule für Gestaltung in Ulm, wo er bereits unter Max Bill als Dozent für Produktgestaltung und Produktentwicklung tätig war. Angeregt wurde die Gründung dieser Schule durch Inge Aicher-Scholl. Rechtsträger war die Geschwister-Scholl-Stiftung zum Andenken an die 1942 unter der Hitlerregierung zum Tode verurteilten Geschwister Scholl. Walter Gropius, der Begründer des »Bauhauses«, hielt 1955 die Eröffnungsrede, und eine Kunstzeitschrift vertrat die Meinung, Ulm sei ein zweites »Bauhaus«. Mein persönliches Verhältnis zu dieser Hochschule war geprägt durch die Beziehung zu Hans Gugelot. Die heftigen Auseinandersetzungen und Krisen, denen die Schule in den Folgejahren ausgesetzt war, haben meinen Kontakt zu Hans Gugelot kaum berührt. Das äußere Erscheinungsbild der Schule, die Atmosphäre der Innenräume und die spartanische Möblierung wirkten auf einen unvoreingenommenen Besucher wie mich zunächst eher schockierend. Die Nüchternheit der Architektur, das Fehlen von Farben und die Betonung von Punkt und Linie in der Raumgestaltung vermittelten eher Angst als Geborgenheit, eher eine Atmosphäre von »reiner Vernunft« als vertrautes Einbezogensein in eine natürlich gewachsene Umgebung. Gugelot mit seiner Hochschule für Gestaltung war daher zunächst für mich ein wenig suspekt und nicht Offenbarung; ich sah in ihm mehr den nüchternen Rechner als den Intuitivdesigner.
Eine Aufgabe kann nicht ohne gründliche vorangehende Analyse gelöst werden, und die Voraussetzung zur Schaffung eines Systems liegt eigentlich darin, die wesentlichen Komponenten seiner verschiedenen Möglichkeiten zur Kombination und Zusammenstellung zu erkennen. Dieser Ablauf ist der Logik unterworfen und vollzieht sich zunächst in einem intellektuellen Bereich, aber diese nüchterne Form der Methodik ist schließlich doch der einzig fruchtbare Boden, auf dem kreative Gestaltung zur Blüte gelangen kann.
In vielen Einzelgesprächen und auch bei gemeinsamen Reisen nach Holland und in die Schweiz hat mir Gugelot diese Grundkenntnisse vermittelt und mir als Autodidakt auch die Bedeutung der Architektur für den Möbelbau klar auseinandergesetzt.
Wer macht sich schon Gedanken über die Bedeutung des Begriffs »klassisch«? Nach allgemeinen Vorstellungen gehören Louis XVI.,

Barock oder Renaissance in den weiteren Rahmen der Klassik. Allerdings ist gerade in neuerer Zeit die Bezeichnung »Moderne Klassiker« für ein bestimmtes Möbeldesign wieder »en vogue« und scheint einem allgemeinen Bedürfnis nach Wertvorstellungen zu entsprechen.
Aber was ist klassisch? Auf die Architektur bezogen, findet man bei Le Corbusier in seiner Veröffentlichung »Vers une Architecture« aus dem Jahre 1923 (deutsch: »Kommende Baukunst«, Stuttgart 1926) folgende Äußerung: »Die Baukunst hat nichts mit den ›Stilen‹ zu schaffen. Die Stile Ludwigs des XIV., XV., XVI. und der gotische Stil sind für die Architektur, was die Feder auf dem Kopfe einer Frau ist: So etwas ist manchmal hübsch, aber durchaus nicht immer, und weiter nichts.«
Klassisch ist vielleicht, was sich allgemeiner Anerkennung erfreut. Klassisch ist, was auf eine alte Tradition zurückgreift. Klassisch ist, was ein allgemeines Prinzip aufzeigt. Klassisch ist, was sich mit rationalen Mitteln erklären läßt und auch dann noch schön bleibt. Es ist gewiß nicht nur dekorativ, und Dekoration ist kein Maßstab!
Ich behaupte: Klassisch ist die Methode, mit der man an eine Aufgabe herangeht!
Klassisch hat auf keinen Fall mit Intuition oder gar mit Zufälligkeit zu tun, mit der ein Design oder ein Entwurf entsteht: Systematik also in der Analyse, Systematik in der Zusammenstellung der Komponenten, Systematik in der Art und Weise, wie aus den Komponenten ein Produkt gestaltet wird. Intuition? Kreativität? Ja – Spielraum und notwendiger Zwang bei der Analyse und dem Vergleich mit analogen Vorgängen und unendliche Variationsbreite in der Wahl von Komponenten, die Grundsteine eines Systems sein können.
»Die Schönheit? Sie ist etwas Unwägbares, das nur in Erscheinung treten kann, wenn die ursprünglichen Hauptgrundlagen ausdrücklich gegeben sind: nämlich einmal eine vernunftgemäße Zufriedenstellung des Geistes (Anpassung an die Zweckbestimmung, Wirtschaftlichkeit), sodann Gestaltung in Würfeln, Kugeln, Zylindern, Kegeln etc. (Wirkung auf die Sinne). Erst dann stellt sich das ›Unwägbare‹ ein.« (Le Corbusier in: »Kommende Baukunst«)
Die Gestaltung erfolgt in Würfeln, Kugeln, Zylindern, Kegeln. Was bedeuten diese einfachen geometrischen Formen? Sie sind Archetypen, wie Carl Gustav Jung sagt, Gebilde also, die für alle Menschen gemeinsam im sogenannten kollektiven Unbewußten als Grundmuster vorhanden sind. Es sind Bausteine der Seele, über deren Wert oder Unwert »non disputandum est«. »ϑεὸς γεωμετρία« (»Gott ist Geometrie«), schrieb Platon am Ende seines Lebens.
Dem Fragenden eröffnet sich hier ein weites Gebiet. Nicht nur im klassischen Altertum, sondern weit früher, in Ägypten, Syrien und dem Fernen Osten, wurde der Geometrie, den Zahlen und auch den Maßverhältnissen große Bedeutung beigemessen, und der Symbolgehalt gewisser geometrischer Figuren und Zahlen hat in der Mythologie fast aller Völker einen

Reine Bewußtheit. Aus einem illustrierten Manuskript. Gujarat, ca. 1700 n. Chr. Museum Baroda/Indien.

Buddhistischer Stupa von Anuradhapura auf Ceylon.

Ansicht der verschiedenen Terrassen des Borobudur, Java, 8. Jahrhundert n. Chr.

festen Platz. So gilt beispielsweise der Kreis als Zeichen des Vollkommenen, und das Quadrat steht für Bewußtheit. Einen besonderen Ausdruck hierfür hat der Buddhismus gefunden. Im Mandala wird im allgemeinen immer der Grundriß des Stupa, des buddhistischen Tempels, abgebildet. Der Stupa hat eine quadratische Grundfläche, auf der sich das kreisrunde, glockenförmige Gewölbe erhebt. Besonders deutlich sind bei den Stupas in Tibet und Nepal die Symbole Kreis, Dreieck, Quadrat, Halbkreis und Flamme im Bauwerk selbst zu erkennen, und die ihnen beigeordneten Farben (Blau, Gelb, Rot, Grün und Weiß) finden sich im Mandala wieder (s. Seite 18–19). Der Stupa selbst gilt als Symbol des buddhistischen Weltbildes. Dazu sagt der heute noch lebende, führende Interpret der tibetischen Mystik, Lama Anagarika Govinda:

»Der tiefe Symbolismus zwischen Transformation und einem sphärischen Körper stellt sich auch in der Architektur des Stupa dar (aus dem sich später Dagoba, Pagode und Chorten entwickelten), in dem die Hemisphäre die Elemente der geistlichen Verwandlung und die gänzliche Überwindung der Hindernisse auf dem Weg der Erleuchtung darstellt. Der Ursprung des Stupa, der anfangs das Pari Nirwana des Buddha symbolisierte, kann auf die prähistorischen Tumuli und den Totenkult, der auf den Glauben an die Unsterblichkeit gegründet war, zurückgeführt werden. Die hemisphärische Form des Tumulus überlebt selbst in den Kuppeln der Schiwa-Tempel.«

In ähnlicher Weise sind die Zikkurats (die mesopotamischen Hochtempel) in Chaldäa und Babylon zu verstehen, so auch der Tempel des Etemenamki in Babylon, der allgemein als Babylonischer Turm bekannt ist. Wie wir heute aus Forschungen der Archäologin Petra Eisele wissen, erhob sich auf einem quadratischen Fundament von etwas mehr als 91 m Seitenlänge ein siebenstufiger, von einem Tempel gekrönter Aufbau von insgesamt mindestens 90 m Höhe. »Der Tempelberg ist die kultisch überhöhte Darstellung des Weltberges, der am Anfang der Schöpfung stand« (Wolfgang Röllig). »Miniaturabbildungen des Universums« nennt der große französische Ägyptologe Gaston Masperon sie. Auch hier treffen wir also den Symbolcharakter eines sakralen Baus mit geometrischem Grundelement. Die Reihe solcher historischer Beispiele läßt sich unendlich fortsetzen. Auch die Pyramiden der alten Ägypter oder die Bauten der Maya fußen auf der Erkenntnis der Zahlenrelationen und geometrischen Grundformen.

Was sonst stellen die großen Bauwerke der Gotik dar? Adolf Wangart schreibt dazu in seinem Buch »Das Münster zu Freiburg im Rechten Maß«:

»Der gotische Baumeister hat seinem Bauherrn vor Baubeginn seine inspirative ›Portraiture‹ vorgelegt, also einen Entwurf, wie der Bau aussehen sollte. Die Baudurchführung jedoch bestimmte eine strenge Proportionierung der Bauverhältnisse, in der die Baugestaltung durch genaue geometrische Verhältnisse fest-

gelegt wurde; Grundlage hierfür bildete das ›Grundmaß‹.
Der Baumeister hatte keine anderen Möglichkeiten zur Bestimmung der Maße und der Statik des Bauwerkes; Materialkunde und technische Berechnungen, welche sich in Zahlen umsetzen lassen, waren ihm unbekannt. Der Baumeister jedoch – und hierin bestand das entscheidende Geheimwissen der Bauhütte – war in den einschlägigen geometrischen Fragen mit einer Gründlichkeit geschult, welche weit über die allgemeinen Kenntnisse unserer heutigen Zeit geht. Geometrische Kenntnisse und ihre Anwendung im Bau waren in der Bauhütte so allgemein vorhanden, daß auch ein nachfolgender Bauleiter ohne Schwierigkeiten an die Arbeit des Vorgängers anschließen konnte. Am Freiburger Münster sind hierfür eindeutige Beweise zu finden; der Baumeister hat nicht aus freier Inspiration gestaltet, er hat nicht gerechnet; seine Maß- und Größenverhältnisse sind aus Konstruktionen auf dem Zeichenbrett und dem Reißboden erwachsen.«
Wangart führt in seinem Buch weiter aus, wie die Proportionierung allgemein zu erklären ist und daß die Symbolik der Zahlen 3 und 4 in der mittelalterlichen Bauprojektierung von besonderer Bedeutung war. Dazu sagt Ernst Neufert in seiner »Bauordnungslehre«:
»In der Gotik hat fast jeder Forscher eine andere geometrische Figur als ›Schlüssel‹ gefunden, Dehio fand bei seinen Untersuchungen das gleichseitige Dreieck als alles umfassende Schlüsselfigur, Drach das $\frac{\pi}{4}$ Dreieck, Knauth, der Straßburger Dom-Baumeister, das Dreieck im Quadrat. Wieder andere bevorzugen das Pythagoreische Dreieck, das Fünfeck, Sechseck und andere Vielecke.«
Voraussetzung für jede Systematik bildete für den Baumeister das Grundmaß, das je nach Örtlichkeit und Herkunft verschieden war. Für das Freiburger Münster betrug, wie wir aus den Untersuchungen von Wangart wissen, das Grundmaß 21 Ellen = 35 Fuß. Dieses Grundmaß wurde als Abstand von Pfeilermitte zu Pfeilermitte für den gesamten Münsterbau einschließlich Chor und Turm einheitlich verwendet. Durch Anwendung des Goldenen Schnittes hat der Baumeister die Jochbreite, also den Pfeilerabstand, in der Längsrichtung West/Ost gefunden.
Wangart erläutert weiter in mühevoller Kleinarbeit, wie beispielsweise das sogenannte Lammportal (der Eingang zum südlichen Seitenschiff) durch die Anwendung des Grundmaßes von 21 Ellen durch Halbierung und Dreiteilung »konstruiert« worden ist (s. Seite 14, 22, 23).
Hans Gugelot kam von der Architektur und hat um diese Systematik gewußt. Ist es da verwunderlich, daß er bei seiner Produktgestaltung von »Konstruktionen« sprach – von Maßbezügen und Zahlenrelationen? Er war immer bestrebt, Systeme zu entwickeln und durch sorgfältige Analyse zu Grundelementen vorzustoßen, die dann einen konstruktiven Ausgangspunkt bilden konnten. Warum sollten auch Gebrauchsgegenstände und deren Gestaltung von Willkür geprägt sein, wenn analoge Gestaltungsformen wie beispielsweise eine Hütte oder ein Gebäude auf einem System aufbauen und aufgrund einer Maßeinheit konstruiert werden können? Und zwar so konstruiert werden können – um mit Le Corbusier zu sprechen –, daß sie das Unwägbare, nämlich das Schöne, zum Ausdruck bringen? Warum soll nicht gemessen werden? Warum sollen nicht auch Möbel Harmonie und Ausgewogenheit ausstrahlen wie die klassischen Vorbilder der Architektur? Die Welt, in der wir zu Hause sind, umgibt uns als zweite Schale und stellt nach den Kleidern, die wir auf dem Leibe tragen, die nächste Intimsphäre dar. Verdient nicht diese zweite Intimsphäre unsere höchste Aufmerksamkeit wie auch die Rechtschaffenheit der Möbelentwerfer und der Möbelbauer? In welchem Maße in der Vergangenheit Erfindergeist durch vereinfachende Hilfsmittel für Handarbeit oder andere halbmaschinelle Vorkehrungen die Ausführung komplizierterer Gebilde oder Einheiten in der Baubranche ermöglicht hat, läßt sich nicht immer im einzelnen nachvollziehen. Sicher ist, daß die Einführung der Maschine im Möbelbau eine erhebliche Rationalisierung und gleichzeitig auch eine Ausweitung der Herstellungsmöglichkeiten gebracht hat. Schon diese Tatsache genügt, um eine Systembauweise in der Möbelbranche konsequenter zu verfolgen, als dies beispielsweise bei der reinen Handarbeit möglich war. Zieht man dazu noch in Betracht, daß die Oberflächengestaltung von Möbeln ebenfalls durch den Einsatz der Maschine und auch

Luftaufnahme des Borobudur mit Großem Stupa, Java, 8. Jahrhundert n. Chr.

Zikkurat des Urnammu in Ur, um 2100 v. Chr. Wiederherstellung nach Leonard Woolley. Grundfläche 62×43 m. Ursprüngliche Gesamthöhe ca. 26 m.

Heute allgemein akzeptierte Rekonstruktion des Babylonischen Turms: Auf einem quadratischen Fundament von etwas mehr als 91 m Seitenlänge erhebt sich ein siebenstufiger, von einem Tempel gekrönter Aufbau von 90 m Höhe.

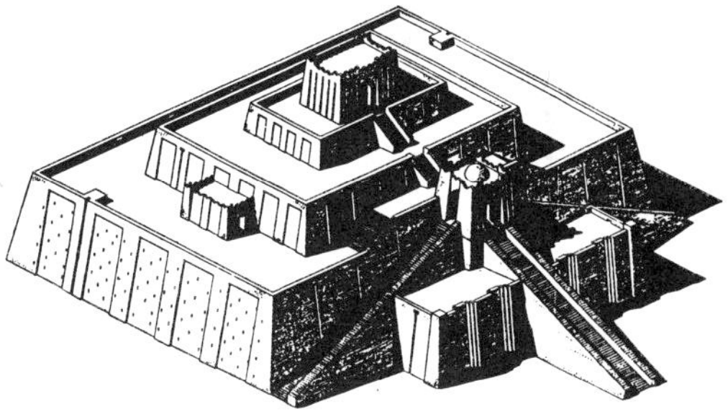

neuer Materialien wesentlich differenzierter geworden ist, dann bestätigt sich, daß ein Systemdenken mehr denn je am Platz ist. Der moderne Möbelbau ist heute ein Beweis dafür. Das Behältnis, der Stauraum, also das, was zum Aufbewahren von täglichen Gebrauchsgütern dient, ist mehr als jedes andere Möbel für den Elementbau geeignet: Konstruktionen und Formgebung gründen auf den gleichen Prinzipien wie die Architektur von Baukörpern. Das Konzept, Kuben in gleichen Abmessungen als Behälter zu fertigen, aneinanderzureihen und aufeinanderzusetzen, haben schon Le Corbusier und Marcel Breuer in den zwanziger Jahren entwickelt. Beiden Architekten ging es schon damals nicht um Dekoration, sondern um Konstruktion.

Die Elementbauweise ist aber zwangsläufig darauf angelegt, Ergänzung und Austauschbarkeit auf Jahre hinaus zu gewährleisten. Hier wird also der Begriff der Dauerhaftigkeit unabhängig von modischen Einflüssen zum Postulat. Dauerhaftigkeit garantiert aber nur die Anwendung von allgemeingültigen Gesetzen, die nicht ohne Schaden aufgehoben werden können. Die Symmetrie, die Proportion, die natürliche Zahl, bedeuten sie nicht Ordnung und Ausgewogenheit für den Beschauer, den Benützer? Die Maßordnung, die Anwendung einer Regel, das Zahlenverhältnis schaffen Bestand, Sicherheit und Dauer.

Die moderne Industrie hat seinerzeit durch die Erfindung der Spanplatte einen großen Schritt vorwärts in der exakten Herstellung von Platten in verschiedenen Stärken getan. Auch die Industrie der Holzbearbeitungsmaschinen garantiert eine höhere Präzision in der Bearbeitung von Plattenmaterial, als es beispielsweise in den zwanziger Jahren möglich war. Mit diesen beiden Voraussetzungen – hohe Präzision der Maschinenarbeit (automatische Steuerung) und neuartiges Plattenmaterial im Gegensatz zu der herkömmlichen Tischlerplatte und dem Sperrholz – war es möglich, den Behälter oder den Kubus in seine Einzelelemente zu zerlegen, in Seiten, Böden, Rückwände und Fronten, um aus diesen Elementen in bestimmten Normmaßen beliebige Behälterkombinationen zusammenzubauen, je nach dem Bedürfnis des Besitzers. Zu der neuen Technologie gehörte auch die Gestaltung der Oberfläche. Die alte Methode des Furnierens oder Lackierens war sehr arbeitsaufwendig, die neueren Entwicklungen erlauben Oberflächen aus Melaminharz oder PVC. Eine Oberfläche, die sowohl alterungsbeständig als auch absolut farbecht ist, war eine unabdingbare Voraussetzung für ein Elementbau-Möbelprogramm.

»Die großen Probleme der modernen Konstruktionen werden verwirklicht werden auf den Grundlagen der Geometrie.«

(Le Corbusier in »Kommende Baukunst«)

Die natürliche Zahl und das Verhältnis von Größen zueinander gehören zur Geometrie. Die Maßeinheit hat nicht nur die Funktion der Wirkung, sondern auch den Vorzug, praktisch zu sein. Das Modul 12,5 cm (ca. 5 Zoll) ist die Breite des Backsteins. Das Achtfache ergibt

Die »erste Steinbrücke der Welt«, die von den Vororten Babylons über den Euphrat in die Altstadt und ihren Tempelbezirk (links Etemenanki) führte.

Gesamtansicht von Piedras Negras (Maya-Kultur).

Proportionsfiguren der Gotik.

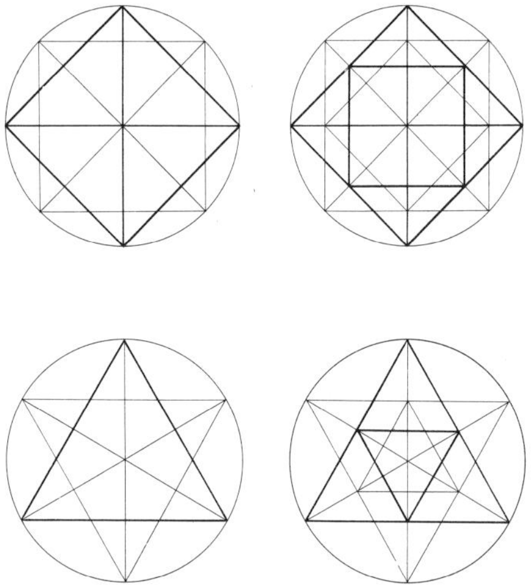

1 m, die Maßeinheit des Architekten, das Viereinhalbfache ergibt die Kleiderschranktiefe, das Dreifache die Büroordnertiefe, das Zweifache die Buchtiefe. Das Sechsfache von 12,5 cm ergibt die Tischhöhe, das Zwölffache die Höhe des Kleiderschranks. M 125 ist auf diesem Modul aufgebaut. Die Elementbauweise erfordert eine einfache Konstruktion. Horizontale und vertikale Elemente müssen möglichst unauffällig miteinander verbunden werden können, und die Montage soll einfach und problemlos zu handhaben sein und jederzeit eine Auflösung und neue Kombinationen zulassen.
Die Architektur lehrt, daß die Säule das Gewölbe oder das Dach trägt. Die aufrechte Schrankseite, welche beim Möbel die horizontale Platte trägt, entspricht den natürlichen Erwartungen des Betrachters. Sie erlaubt die Darstellung der einfachen Proportion von Länge zu Höhe, von Horizontale zu Vertikale im richtigen Maßverhältnis. Die Betonung der Kanten einer Fläche hebt die Geometrie der Oberfläche deutlich hervor. Das Möbel wird zur Architektur ohne Zwang, ohne Willkür, ohne Gewalt: Technik und doch nicht nur Technik, Sparsamkeit, Einfachheit, das Unwägbare tritt zutage.
In der umfangreichen Studie von Ernst Neufert, »Bauordnungslehre«, wird das Modul 12,5 cm als günstige Maßeinheit für Baunormen bezeichnet. Neufert führt hierfür mehrere Begründungen an, auch im Hinblick auf den Menschen als Maß aller Dinge. Er legt dafür einen Menschen in der Höhe 1,75 cm zugrunde. Die wesentlichen Abmessungen ergeben hieraus immer ein Vielfaches des Moduls 12,5 cm. Wie diese Maßeinheit auch gleichzeitig die Gegenstände abdeckt, die der Mensch in Stauräumen unterzubringen hat, ist oben dargelegt.
Die Vorteile der Herstellung solcher Elemente auch für den Möbelproduzenten muß betont werden. Die Verarbeitung von nur rechtwinkligen Platten ohne Hohlkehlen und Rundungen ist beim Möbelsystem von Hans Gugelot besonders hervorzuheben.
Die einfache Herstellungsweise hat allerdings eine konstruktive Voraussetzung: eine problemlose horizontale und vertikale Verbindungsmöglichkeit.
Es war Gugelot vollkommen klar, daß eine Produktfindung in Systemen neben dem Grundmaß immer auch die Forderung nach einer funktionsgerechten Verbindung enthalten mußte. Er hat sich mit diesem Problem besonders intensiv auseinandergesetzt und verschiedene Lösungen auch für den Faltwandschrank, für seine Tische und für einen Sessel erarbeitet.
Jede Art Möbel muß – bedingt durch die Dreidimensionalität – in irgendeiner Form zusammengefügt werden. Dieses kann bei Stahlmöbeln durch Schrauben, Schweißen, Klemmen geschehen, bei Holzmöbeln durch Leimen, Nageln, Zinken, Dübeln und Schrauben. Die Art dieser Verbindung wird durch die verwendeten Materialien bestimmt. So verhält sich zum Beispiel Kunststoff – Thermoplast, Duroplast – völlig anders als Holz, Blech oder Stahl.
Für ein weiteres Schrankprogramm mit Falttü-

Hausmodell, angeblich Salamiyya bei Hama (Syrien).
Frühdynastische bis Akkade-Zeit, 2900–2290 v. Chr. (Terrakotta).

Kepler-Dreieck und die entsprechenden Abmessungen der Cheopspyramide.

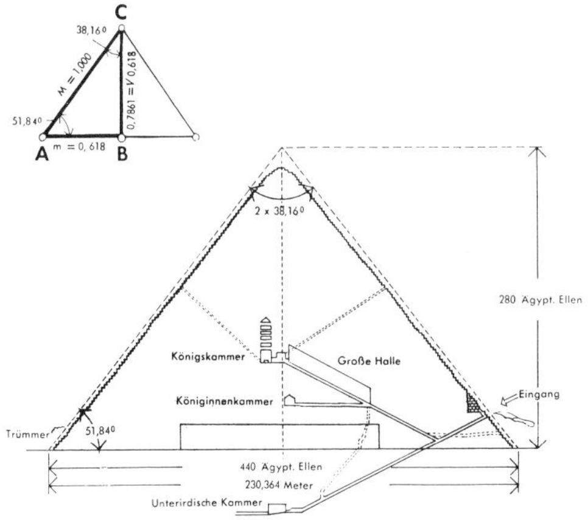

Links: proportionale Teilung einer Strecke A–B.
Rechts: Aufbau eines Rechtecks nach dem Goldenen Schnitt.

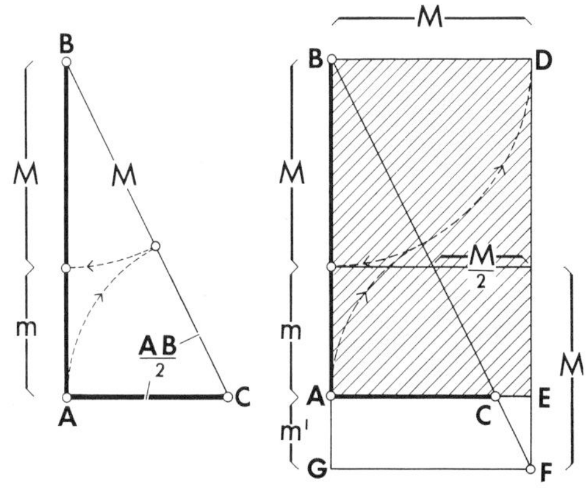

ren hat Gugelot die Idee geliefert. In seiner Anwendung ersetzt es oft Zwischenwände im Baukörper; hier werden also Behälter und Trennwände zur Schaffung von mobilen Raumeinheiten verwendet. Dies trägt dem Bedürfnis des modernen Menschen nach Mobilität und Anpassung in größeren Verwaltungsbauten, Schulen, Krankenhäusern und Hotels Rechnung. Das Möbel wird hier zum Bauelement, sichtbar bleibt nur die Fläche, vom Fußboden bis zur Decke, von der Fensterfront bis zum Korridor.
Flächen, die bisher unverrückbar aus Gips, Backstein und Zement errichtet worden sind, bestehen jetzt aus von Bauachse zu Bauachse versetzbaren Wandelementen.
Die Front des Behälters (Schrank) und die einfache Trennwand sind im Erscheinungsbild gleich, ohne wesentliche Unterscheidungsmerkmale. Nur Sichtfugen in der Vertikalen unterbrechen die Fläche. Die Abstände der Sichtfugen werden wiederum durch das Grundmaß 12,5 cm bestimmt, also Türbreiten von 3×12,5 cm, 3,5×12,5 cm und 5×12,5 cm. Damit werden Schranköffnungen von 62,5 cm, 75 cm, 87,5 cm und 125 cm erreicht. Die einfache Trennwand hat Breiten von 5×12,5 cm und 8×12,5 cm. Ihre Höhe wird durch die jeweilige Raumhöhe bestimmt.
Die Öffnungsmöglichkeiten von Schrankbehältnissen sind im allgemeinen begrenzt. Je größer Schrankbreite und Schrankhöhe, desto umfangreicher sind die Staumöglichkeiten für Akten, Papier, Registratur, Literatur. Je kleiner jedoch die Bedienungsflächen vor den Schranktüren zur Öffnung des Behältnisses sind, desto größer ist die Ausnutzung des Arbeitsraumes. Die ungünstigste Lösung hierfür ist die Flügeltür. Die zweitbeste Lösung ist die Schiebetür, die jedoch immer einen Schrankteil unzugänglich macht. Die beste Lösung stellt daher die Falttür dar. Sie gibt die größtmögliche Schranköffnung frei und erfordert eine geringe Bedienungsfläche vor dem Behältnis. Außerdem kann sie in offener Stellung belassen werden. Sie gestattet auch die größte Höhe ohne Verwindung der Spanplatten bei entsprechender Gestaltung des Beschlages. Das einzige herausragende Merkmal ist der Türgriff. Seine Drehung zeigt die Richtung an, nach welcher die Falttüren zu öffnen sind, Gegenbewegungen sind dadurch ausgeschlossen.
Die Konstruktion gestattet hohe Schalldämmungswerte, es können keine Schallbrücken entstehen; sie verwendet schalldämmende Materialien. Die Schrankwand ist ein einfacher Aufbau von Zargen, Seiten oder Holmen auf verstellbaren Fußspindeln. Die Abschlüsse an Boden und Decke sind leicht anpaßbare Blenden. Dieser Aufbau gestattet auch die Verwendung der Schrankfront lediglich als Fassade vor Nischen oder Mauerwerk. Bewußt gibt es hier keinen Einsatz von Aluminiumprofilen, um die Feuerhemmung zu erhöhen. Auch hier gilt ein Hinweis von Le Corbusier in »Kommende Baukunst«:
»Auf die Berechnung sich stützend, verwerten die Ingenieure geometrische Formen und be-

Zerlegbarer Sessel von Hans Gugelot.

Metallfußgestell, mittels einer Schraube montierbar.

Tisch mit abnehmbaren Füßen von Hans Gugelot.

friedigen so unsere Augen durch die Geometrie und unseren Geist durch die Mathematik.«
Ich habe versucht, eine Analogie zwischen Bauen und Entwerfen, Architektur und Möbeldesign darzustellen. Das eine ist ohne das andere nicht denkbar, wenn es »richtig« gemacht wird. Architekten wie Mies van der Rohe, Le Corbusier, Alvar Aalto haben auch eigene Möbel gestaltet, mit denen sie ihre Bauten eingerichtet haben: »Baukunst ist nicht nur gebunden an Zwecke, sondern auch an die Materialien und Methoden ihrer Konstruktion«, sagt Mies treffend. Die Materialien aber, die dem Architekten zur Verfügung stehen, sind zeitgebunden. Das heißt, daß sie selbst Zeugnisse einer Epoche sind und damit dem Baumeister oder Entwerfer andere Möglichkeiten in ihrer Verarbeitung oder Anwendung bieten, als sie einer vorangegangenen Generation zur Verfügung standen.
So hat beispielsweise der Ingenieur Charles Smeaton zum ersten Mal nach den Römern den Beton wiederentdeckt und für die Konstruktion des Eddystone Leuchttums in England (1774) angewendet. Gußeisen als neues Material wurde auch von Smeaton für Pumpen und Maschinen verwendet. Sigfried Giedion führt in seinem Standardwerk »Raum, Zeit und Architektur« aus:
»Soweit es die Architektur anbelangte, ging der Jugendstil aus der Entwicklung der Eisen- und Stahlkonstruktionen hervor. Zu Beginn der neunziger Jahre, als diese Bewegung von Brüssel ausging, trat ein neues Baumaterial in Erscheinung, das überraschend schnell Einfluß auf die Architektur gewann: der Eisenbeton. Um jene Zeit entledigte sich die Architektur der Vorurteile, die sie so lange verhindert hatten, die neuen Methoden zu übernehmen, die aus der Zeit selbst gewachsen waren. Das ermöglichte die rasche Einführung des Eisenbetons. Kaum war dieser so weit entwickelt, daß Mühlen, Silos, Behälter damit konstruiert werden konnten, da wurde er auch für rein architektonische Zwecke verwendet. Zwischen 1910 und 1920 wurde er nahezu zum Kennzeichen der neuen Architektur.«
Es gab natürlich keine käuflichen Möbel aus Stahlbeton, hingegen hat der Stahl Anfang des 20. Jahrhunderts den Möbelbau, besonders den Sitzmöbelbau, nachhaltig beeinflußt. Mies van der Rohe, Le Corbusier, Mart Stam, Marcel Breuer und andere haben Stahlrohr und Bandstahl in heute noch gültigen Möbelkonstruktionen verwendet.
Forschung und Entwicklung haben uns in den letzten Jahrzehnten neue Materialien beschert: den Kunststoff als Thermoplast oder Duroplast. Seine Eigenschaften, seine Verarbeitung und seine Gestaltungsmöglichkeiten bieten dem Baumeister wie dem Möbelentwerfer völlig neue Einsatzmöglichkeiten.
Möbel sind technische Konstruktionen, deren Gestalt wir mit den Augen erfassen und mit dem Geist berechnen können wie die Grundformen der Geometrie und der Mathematik. So wird die Erfindung neuer Möbel entsprechend

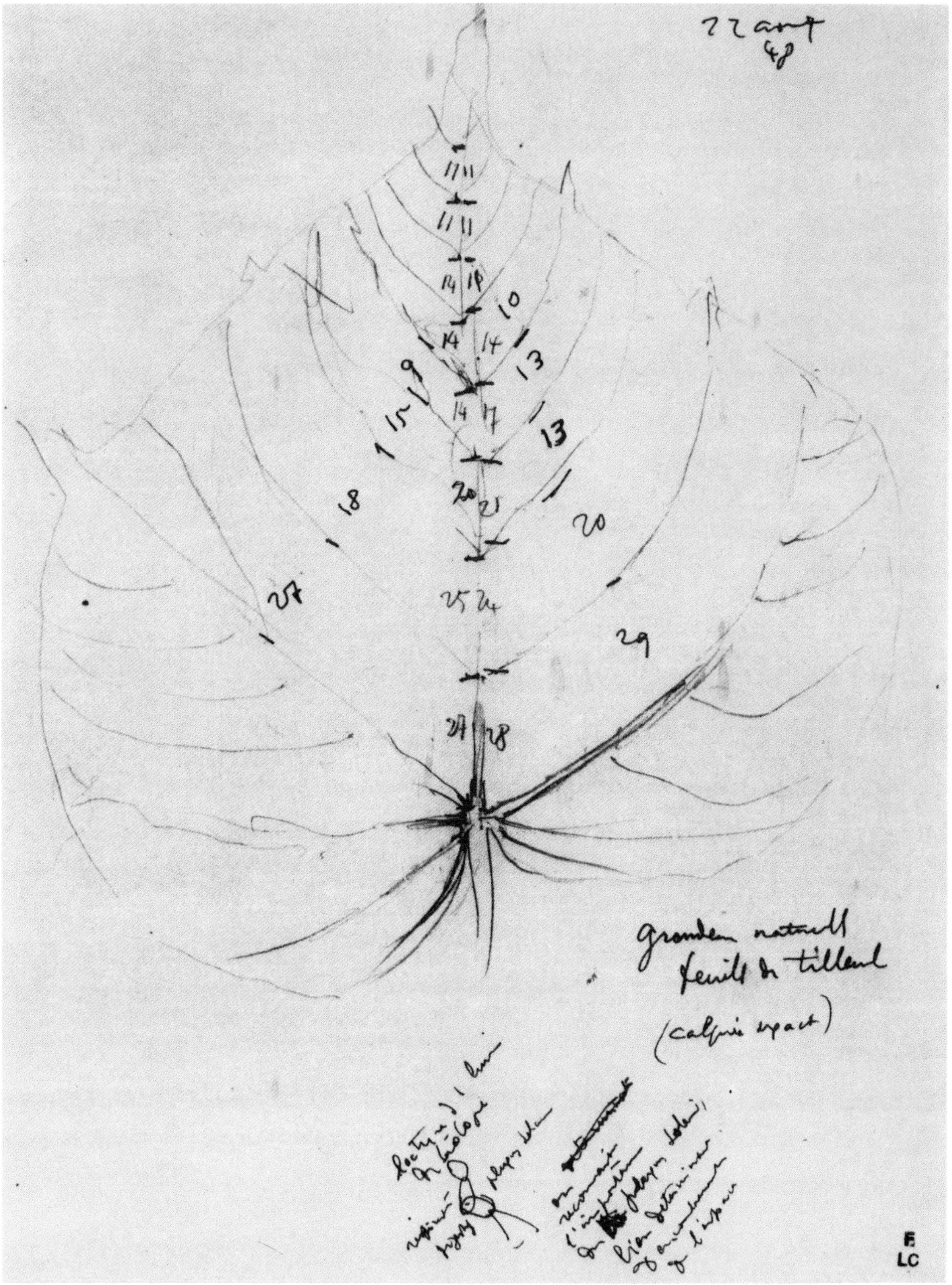

Lindenblütenblatt,
Skizze von Le Corbusier,
1948.

Das Mandala der fünf Meditationsbuddhas.
Symbolik des Lamaismus in der Kunst von Tibet und Nepal.

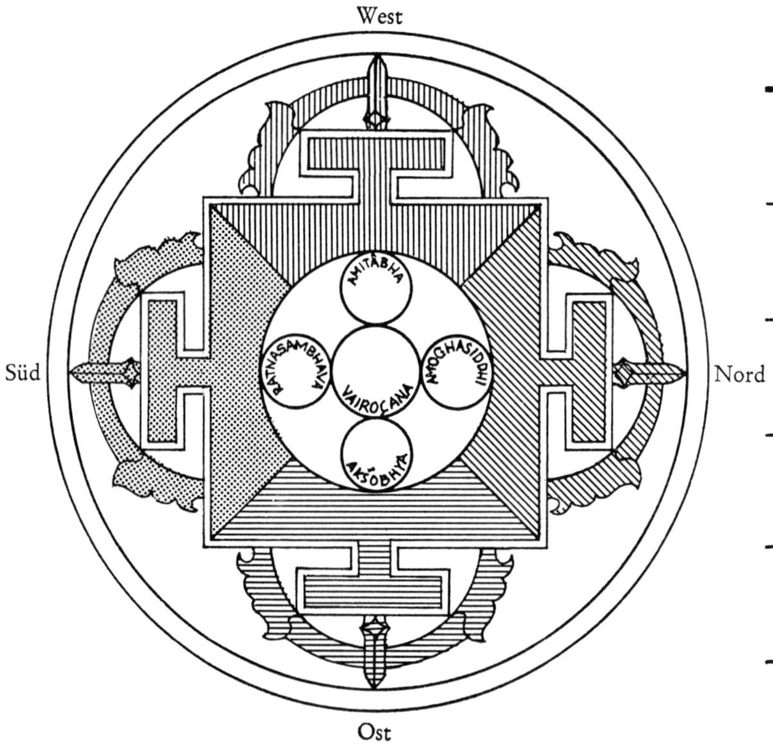

Richtung	Dhyâni-buddha	Farbe
Zentrum	Vairoçana	weiß
Ost	Akśobhya	blau
Süd	Ratna-sambhava	gelb
West	Amitâbha	rot
Nord	Amogha-siddhi	grün

Das *Maṇḍala* der fünf *Dhyâni*buddhas

Element	Symbol	Hand-zeichen	Thron-träger	Dhyâni-bodhisattva	Irdische Buddhas	Weltperiode
Sphäre (reines Bewußtsein)	🔥	Rad	Löwe	Samanta-bhadra	Kraku-candra	1. Weltperiode
Luft		Vajra	Elefant	Vajra-pâṇi	Kanaka-muni	2. Weltperiode
Erde		Ratna	Pferd	Ratna-pâṇi	Kaśyapa	3. Weltperiode
Feuer	△	Lotos	Pfau	Padma-pâṇi	Śâkya-muni	Heutige Welt
Wasser	◯	Viśva-vajra	Garuḍa	Viśva-pâṇi	Maitreya	Zukünftige Welt

blau   gelb   grün   rot   weiß

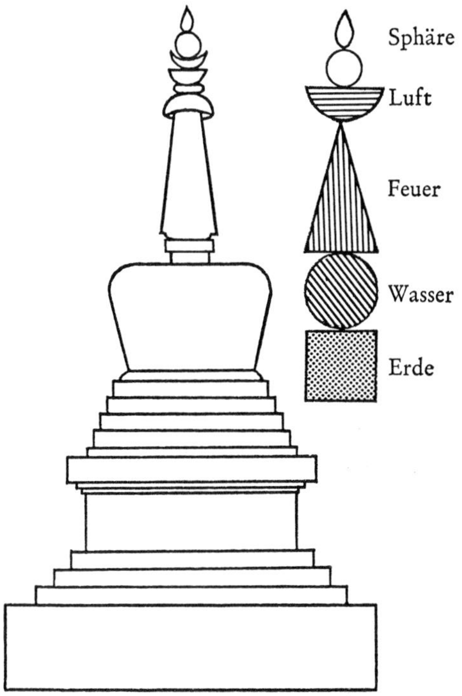

Der Stûpa als Symbol des buddhistischen Weltbildes

Sphäre
Luft
Feuer
Wasser
Erde

Chaiselongue mit mobilem Liegeteil und festem Untergestell von Le Corbusier, 1928.

Tecno-Polstersessel, vielfach verstellbar.

Gewünschte Sitzhaltung durch Schmiegsamkeit der ABS-Schale.

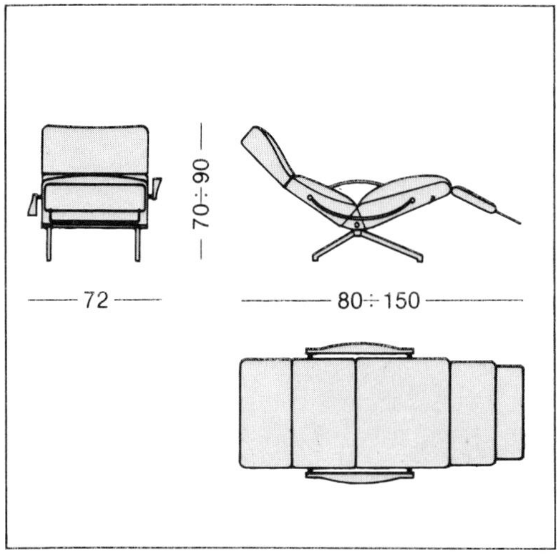

medizinischen und ergonomischen Erkenntnissen auch den sich ständig verändernden Bedürfnissen unserer Gesellschaft gerecht.
Schon seit 100 Jahren sitzt man wieder bequem. Gestreckte und übergeschlagene Beine wirken nicht mehr als verletzende Lässigkeit für das Gegenüber. Die bewegliche Rückenlehne ist bereits seit geraumer Zeit bekannt und der weich gepolsterte Sessel schon seit der Jahrhundertwende ein beliebtes Möbelstück. Allerdings »schön« im oben beschriebenen Sinne ist er nicht, und die liebgewonnene Erinnerung an den großväterlichen Ohrensessel bleibt eher auf die Liebenswürdigkeit des Großvaters bezogen als auf das geblümelte Polstermöbel.
Und trotzdem – der individuelle Sessel mit der aufgepolsterten Bequemlichkeit ist auch heute noch ein Bedürfnis. Nur die Kenntnis der Sitztechnik und der wirklichen Bequemlichkeit hat sich verbessert und erlaubt eine größere Anpassung an individuelle Bedürfnisse, läßt sich daher »konstruieren«.
Le Corbusier hat sich bereits in den zwanziger Jahren mit diesem Problem beschäftigt und eine hervorragende Liege geschaffen. Sie läßt sich verstellen, aber dazu muß der Benützer jedesmal, bevor er sich setzt oder legt, die gewünschte Bequemlichkeit selbst regulieren.
Ein weiteres Modell von Borsani ist in den sechziger Jahren auf den Markt gekommen: eine Sessel-Liege, deren eingebauter Mechanismus ein Verstellen während der Benutzung in die gewünschte Lage erlaubt.
Beide Konstruktionen bieten aber noch keine Bequemlichkeit nur durch die Elastizität des Materials. Es gab eben damals noch keine Polyamide, geschweige denn deren Verwendung im Möbelbau.
Was liegt dem Techniker angesichts einer solchen Aufgabenstellung näher als die Herstellung einer Thermoplast-Sitzschale? Bei einer entsprechenden Ausformung gestattet dieses Material Verwindungen, die man beim Holz unter allen Umständen zu vermeiden sucht. Die Verformung einer Sitzschale über einer beweglichen Achse wird diesem Bedürfnis auf einfachste Weise gerecht: Der Benützer verschafft sich seine Bequemlichkeit jetzt durch Strecken oder Anziehen der Beine, weil es das Material erlaubt.
Übrig bleiben nur noch die Aufhängung der Achse und die Ausbildung der Armlehne als technische Aufgabe. Die Ausbildung der Sitzschale kann relativ einfach durch eine entsprechend lange Versuchsreihe gefunden werden.
Meistens ist die sparsame Lösung die beste. Eine Lederschlaufe verbindet die Sitzschale durch einen Rückenbügel mit dem Fußgestell. Sie gibt elastisch nach und bietet gleichzeitig der Rückenschale die notwendige Aufhängung.
Die leichte Zerlegbarkeit und Montage erlauben eine einfache Lagerhaltung und kommissionsweisen Versand. Das Fußgestell besteht aus zwei gleichen Seitenteilen, die mit der Achse durch eine Spreizschraube verbunden sind. Die Seitenteile wiederholen die Grundformen

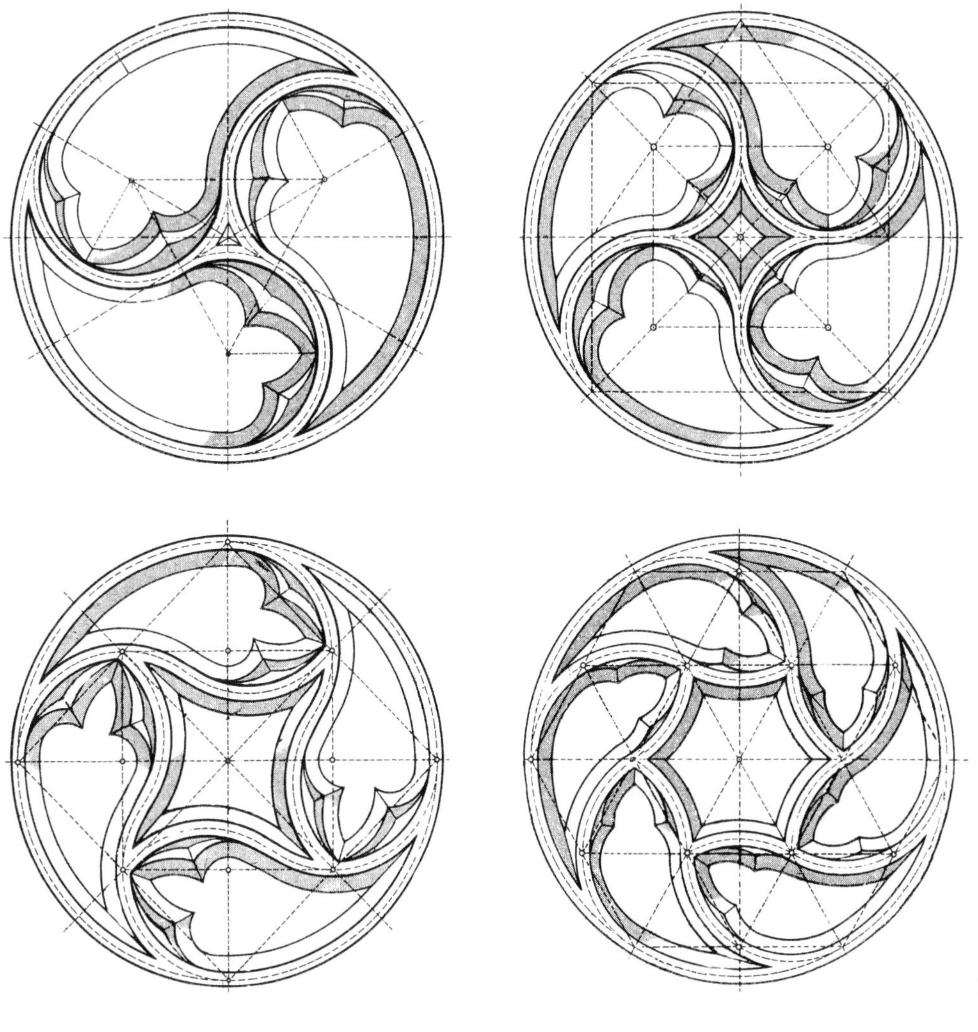

Proportionen der Gotik. Die Grundfiguren der gotischen Bauhütten, die nach Rziha zu Proportionierungen des Plans, als Maßstabfigur bei der Übersetzung der Pläne in die Wirklichkeit und als Schlüsselfigur der Steinmetzzeichen dienten.

Münster zu Freiburg, Portal am südlichen Seitenschiff (Zeichnung nach Wangart).

»Das Münster zu Freiburg im Breisgau im Rechten Maß«, Lammportal.

Bofinger-Ruhesessel, Sitzschale aus ABS-Kunststoff.

Tropensessel, zerlegbar.

Farmer-Programm von Gerd Lange.

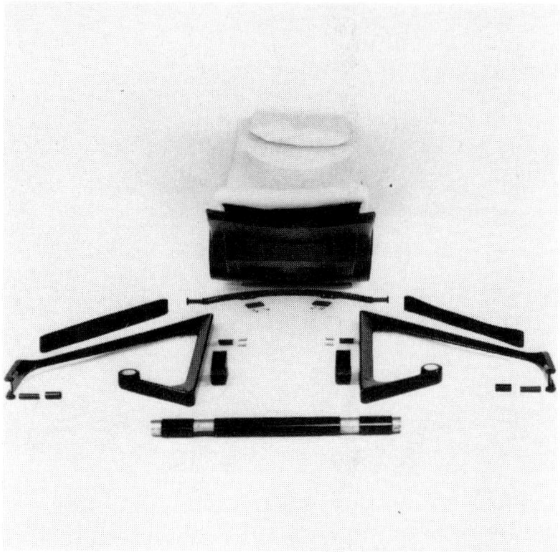

des Dreiecks, dessen Hypotenuse auch bei ausladender Sesselschale Standfestigkeit gewährleistet. Die Ausmagerung des gegossenen Seitenteils ergibt wiederum den Querschnitt des Dreiecks; sie reduziert das Gewicht und somit den Preis des Gußteils.
Der Designer, der Ingenieur und der Produzent von Möbeln haben einem moralischen Anspruch zu genügen: Es gilt nicht nur, Marktlücken aufzuspüren, Wettbewerbschancen zu erfassen oder neue Lebensgewohnheiten zu entdecken! Der hier gemeinte moralische Anspruch ist die Pflicht zur Anwendung von einfachen, nachvollziehbaren Methoden zur Gestaltung eines neuen Möbels – Methoden zur Erstellung einer durchschaubaren Analyse, zur ordnenden Abstimmung von Fakten und Faktoren, zur Findung und Gestaltung des Objekts. Nur durch die Anwendung solcher Methoden kann das Ausgewogene in Erscheinung treten und das Häßliche vermieden werden. Integritas – consonantia – claritas, drei Begriffe, die Thomas von Aquin für seine Definition der Schönheit gefunden hat: Vollständigkeit – Proportion oder Zusammenstimmen – Glanz! Ein Objekt – ein Möbel, ein Gebrauchsgegenstand, ein Gebäude –, das diese claritas ausstrahlt (das »Unwägbare«), ist das nicht eine Herausforderung für den Betrachter, für den Benützer, eine Herausforderung zur Befreiung von Zwängen, zum Sich-Selber-Sein? Ich behaupte, ein gutes Möbel hat eine pädagogische Wirkung. Mit meiner Tätigkeit versuchte ich das zu verwirklichen. Es erscheint mir selbstverständlich und nicht verwunderlich, daß der große Architekt Henry van de Velde um die Identität von »schön« und »gut« kämpfte und dabei von geistiger und optischer Moral sprach! Dazu auch Johannes Kepler in »Harmonice Mundi« IV:
»Die Geometrie ist vor Erschaffung der Dinge, gleich ewig wie der Geist Gottes; ist Gott selbst (was ist denn Gott, was nicht Gott selbst ist?) und hat ihm die Urbilder für die Erschaffung der Welt geliefert, und sie ist mit dem Ebenbild Gottes in den Menschen übergegangen, nicht erst durch die Augen in das Innere aufgenommen worden.«
Das gute Design – um den heutigen Begriff hierfür zu verwenden – bekommt bei dieser Betrachtungsweise eine andere Dimension: eine ethisch-moralische. Aber wohlgemerkt: gutes Design nach den hier aufgeführten Merkmalen, Design, das etwas von dem repräsentiert, was der späte Platon so bezeichnete:
»τὸ δε καλὸν οὐκ ἄμετρον.«
(Das Schöne aber ist nicht ohne Maß!)
Der rechte Winkel ist nicht nur ein Konstruktionsprinzip, sondern auch Symbol menschlicher Ratio. Die Ausgrabungen von Buquras am rechten Ufer des mittleren Euphrat zeigen uns in sechs Schichten ein einheitliches Grundrißschema von mehrräumigen Lehmziegelhäusern bereits aus der Zeit von 6400 bis 5900 v. Chr. Es gibt fast keine Epoche in der Kulturgeschichte der Menschheit, in der nicht der rechte Winkel, das Rechteck oder das Quadrat, neben Kreis und Rundung für Gebäude

Farmer-Programm von Gerd Lange: zusammensetzbar, leicht und ohne Beschläge.

Lavern-Tisch, Fußteil in Marmorplatte sichtbar, demontabel.

Bofinger-Stuhl aus glasfaserverstärktem Polyester, 1966.

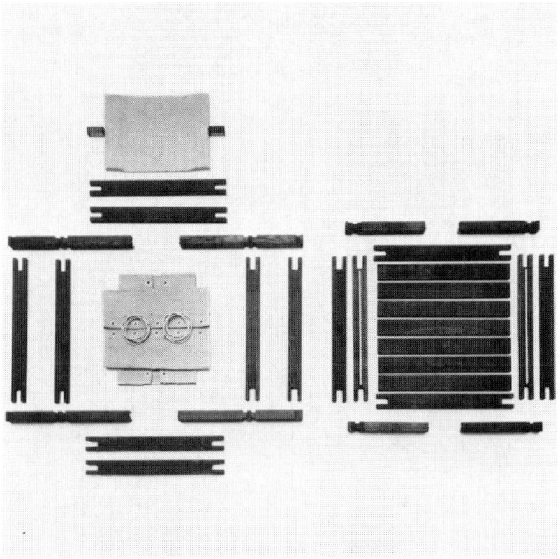

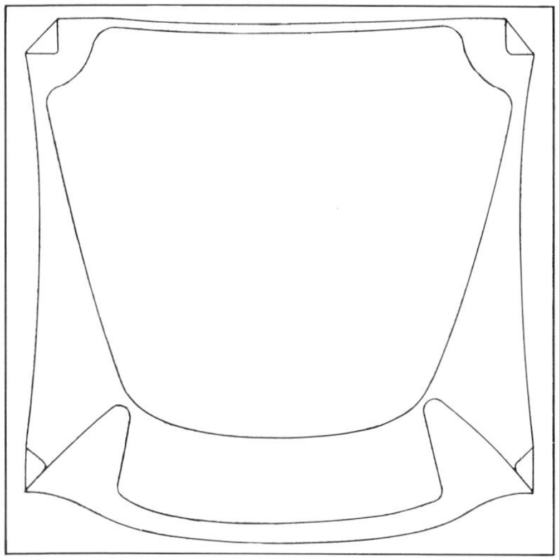

zur Anwendung gekommen sind. Das Quadrat verkörpert ein Ganzheitssymbol und kennzeichnet eine erfolgreiche Symbiose von Geist und Materie, von menschlicher Gestaltungskraft am Körperlichen und Sichtbaren.
Auch im Möbelbau bietet sich der rechte Winkel als Bauprinzip überall dort an, wo einfache aufrechte oder waagerechte Elemente wie Holme oder Platten miteinander verbunden werden sollen. Die einfachen maschinellen Bearbeitungsvorgänge in der Holzverarbeitung sind Sägen und Hobeln. Ein einigermaßen bequemes Sitzmöbel aus vier Holmen (Pfosten) und acht Traversen in jeweils gleichen Abmessungen erscheint nach den heutigen Dimensionen technischer Möglichkeiten als primitive Elementarisierung des Möbelbaus.
Und doch – die Verbindung dieser Elemente zu einem immer wieder lösbaren Knoten durch einfache Kerbung und Nutung stellt wohl die einfachste zerlegbare und damit tragbare Sitzgelegenheit dar. Segeltuch oder Leder als Sitz- oder Rückenbespannung wurde bereits von den britischen Kolonialbeamten beim sogenannten »Tropenstuhl« benutzt. Gute Konstruktionen haben sich schon immer durch die Kunst des Weglassens ausgezeichnet, beschränkt auf stützende oder tragende Elemente. Das gleiche Prinzip der Beschränkung auf das Notwendige zeigt sich bei Möbelkonstruktionen am Einsatz eines Materials, zum Beispiel Marmor für eine Tischplatte mit der einfachen Verschraubung verchromter Stahlbeine durch die Platte selbst. Die Statik der Platte erspart die sonst übliche Tischzarge, und die Sparsamkeit des Aufwands bringt Eleganz und Schwerelosigkeit zum Ausdruck.
Im Jahre 1959 habe ich Mies van der Rohe in der Crown Hall im Illinois Institute of Technology in Chicago besucht. Damals wurde der Brno-Stuhl noch nicht bei Knoll International produziert, und ich wollte Mies veranlassen, mir diesen Freischwinger in Lizenz zu übergeben. Der alte Meister sah mich lange an und antwortete, er sei an Knoll International bereits gebunden und zudem zu alt, um einen Kunststoffstuhl bis zur Produktionsreife zu entwickeln.
Als ich ihm sagte, daß ich mit Hans Gugelot von der Hochschule für Gestaltung in Ulm zusammenarbeite, meinte er, dort fände ich die besten Voraussetzungen für ein solches Vorhaben. Erst sehr viel später, 1966, leider erst nach dem Tode von Gugelot, stieß ich mit Bätzner auf das Material, das für eine solche Stuhlentwicklung in Frage kam.
Im Grunde gibt es Tausende von Stuhlmodellen aus verschiedenen Materialien und in verschiedenen Formen, die fast allen Ansprüchen genügen. Eigentlich brauchte man den unzähligen Stuhlmodellen kein neues hinzuzufügen.
Und doch: Die Bedürfnisse des Menschen ändern sich. Die fortschreitende Zivilisation, neue Arbeitsweisen, kürzere Arbeitszeiten, längere Freizeit und andere Ansprüche an Bequemlichkeit erfordern neue Materialien, Bearbeitungsmethoden und Techniken.
Vor drei Jahrzehnten gab es das glasfaserverstärkte Polyesterharz noch nicht. Dieses Mate-

Erster Kunststoffstuhl, in einem Arbeitsgang in einer Stahlform hergestellt.

Stapelbarer Stuhl für Innen- und Außenbereich.

Spinne »White Lady« (Okapia-Film GmbH).

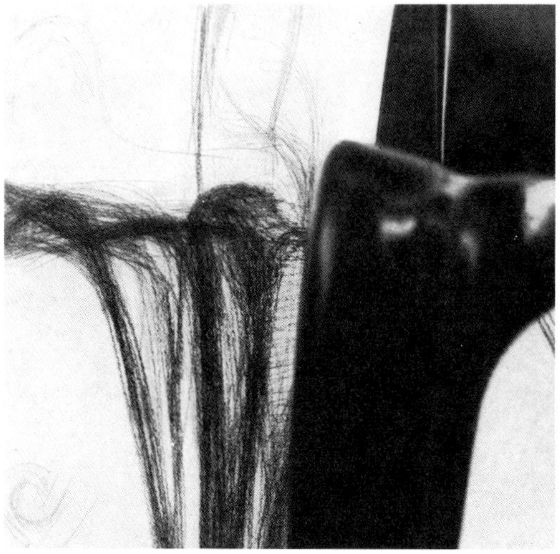

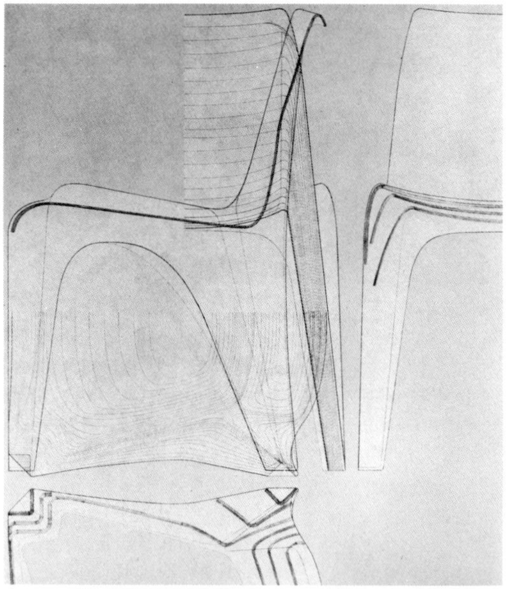

rial zählt zu den Duroplasten. Es ist leicht, kann unter Hitzeeinwirkung verpreßt werden, ist weitgehend witterungsbeständig und gestattet daher den Einsatz im Freien ebenso wie in der Behausung. Zudem ist es elastisch und läßt sich einfärben.
Das Material selbst entspricht den heutigen Qualitätsanforderungen: leicht transportierbar, überall einsatzfähig, keine Handarbeit bei der Herstellung, pflegeleicht. Es ist also zweckmäßig, neue Stuhlmodelle aus glasfaserverstärktem Polyester herzustellen, denn dessen Eigenschaften sind allen uns bekannten Materialien überlegen.
Die Gestaltung dieses neuen Stuhls bleibt nun keineswegs der Willkür überlassen. Ein Stuhl steht auf drei oder vier Beinen, oder er hat nur einen Stützfuß. Im Unterschied zum Hocker hat der Stuhl eine Rückenlehne. Als Vielzweckstuhl sollte er stapelbar sein. Soll die Elastizität des Materials genutzt werden, dann muß der Stuhl vierbeinig sein, so kann er nämlich Unebenheiten des Fußbodens ausgleichen. (Jeder weiß, daß klappbare Metallstühle, wie sie in Gartenwirtschaften benutzt werden, auf unebenen Böden wackeln.) Wenn der Stuhl in einem Preßgang aus einer Metallform hergestellt wird, muß er leicht entformbar sein – er darf keine sogenannten Hinterschneidungen aufweisen, die eventuell verhindern, daß Matrize und Patrize leicht auseinandergezogen werden können. Aus all diesen logisch erfaßbaren Erfordernissen ergibt sich immer deutlicher die Formgebung des Stuhls.

Da bei diesem Herstellungsverfahren die Handarbeit nur einen ganz geringen Anteil hat, wird der Preis vornehmlich durch Art und Menge des verwendeten Materials bestimmt. Wenig Gewicht ist also nicht nur ein Vorteil für Transportfähigkeit und Verrückbarkeit des Stuhls, durch die geringe eingesetzte Materialmenge werden auch die Herstellungskosten niedrig gehalten. Andererseits muß ein Stuhl stabil sein. Er darf auch dann nicht brechen, wenn man ihn auf einem Bein kippt. Die größtmögliche Stabilität bei geringster Wandstärke (also kleinstem Materialaufwand) wird durch Faltung oder Biegung des Materials erreicht. Hierfür liefert uns die Natur zahlreiche Beispiele. Bei diesem Kunststoffstuhl erinnert die Ausgestaltung des Vorderbeins, das in die Sitzmulde übergeht, an die Art, wie die Last des Spinnenkörpers auf die Spinnenbeine verteilt ist, oder an die Gestaltung des menschlichen Oberschenkelknochens. Es ist weder Zufall noch Willkür, wenn hier nicht eine einzige Fläche plan, also ohne Wölbung erscheint. Nur die Wölbung und Auffaltung geben einer dünnen Wandstärke Stabilität und Halt.
Ein Kunststoffstuhl kann mit mathematischen Größen und Berechnungen nur bedingt erfaßt werden. Erst durch eine lange Versuchsreihe im Maßstab 1:1 kristallisiert sich allmählich die Form heraus, welche die oben angeführten Prämissen erfüllt. Experimentieren statt berechnen? Ja und nein, methodisches Vorgehen ist auch hier der Anfang des schöpferischen Prozesses.

Maßproportion des menschlichen Körpers in Baumaßen.

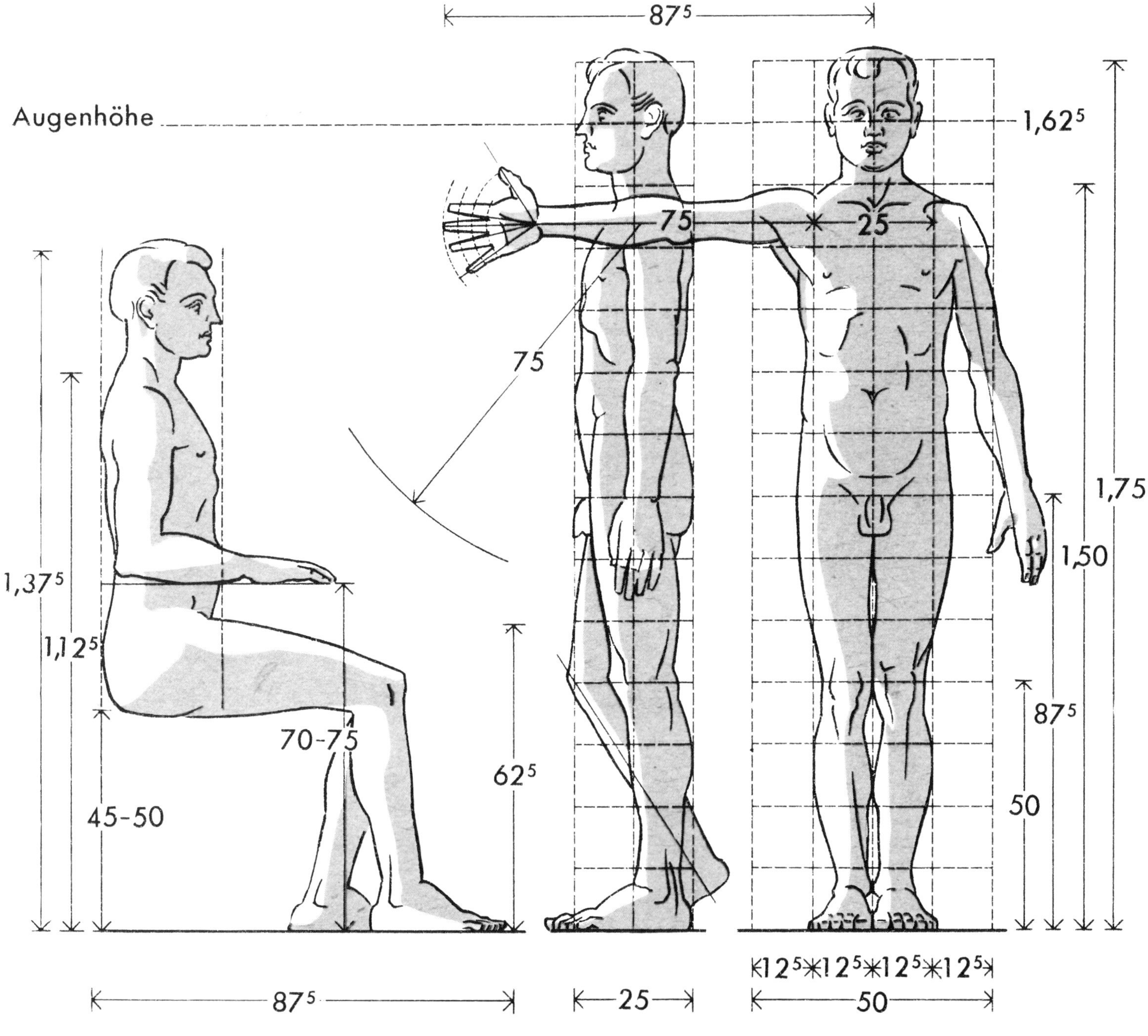

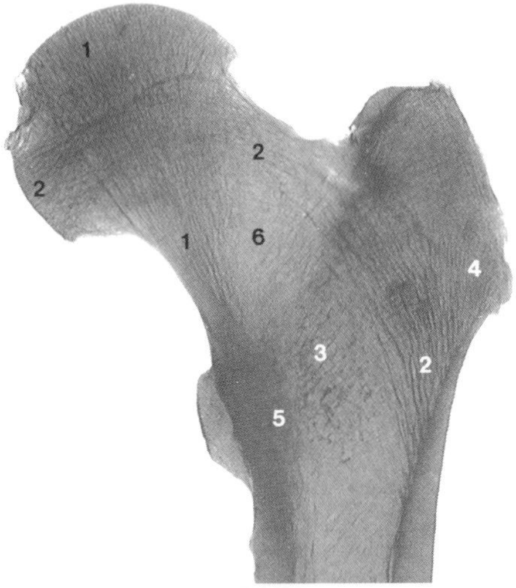

Schnitt durch den menschlichen Oberschenkelknochen, Architektur der Spongiosabälkchen:
1 Von medial zum Oberschenkelkopf verlaufende Spongiosabälkchen, 2 Von lateral zum Oberschenkelkopf verlaufende Spongiosabälkchen, 3 Von medial zum Trochanter major verlaufende Spongiosabälkchen, 4 Von lateral zum Trochanter major verlaufende Spongiosabälkchen, 5 Calcar femorale, 6 Area triangularis mit nur wenigen Spongiosabälkchen
(aus McMinn/R.T. Hutchings: Photographischer Atlas der Anatomie des Menschen, Stuttgart – New York, 1977).

Das Material zwingt dem Entwerfer in gewisser Weise die Formgebung auf, wenn seine Eigenschaften voll zur Geltung kommen sollen. Aber dennoch unterliegt auch die Gestaltung mit Kunststoff nicht der Willkür.
Solange ich Hans Gugelot gekannt habe, und das waren immerhin fast zehn Jahre, hat er bei einer Problemstellung immer wieder auf eine sorgfältige Analyse, auf die Erfassung aller beeinflussenden Komponenten und auf die Auswahl dieser Faktoren nach Prioritäten hingewiesen. Ich habe ihm zu danken, daß er mir die Augen dafür geöffnet hat, wie man methodisch die Gestaltung eines Produktes angeht, und vor allem, daß ein solches Vorgehen einem moralischen Anspruch nachkommt, der zu Recht an einen ehrlichen Produktgestalter gestellt werden darf. Um mit den alten Griechen zu sprechen, das »Schöne« wird dann eben auch »gut« (καλὸν κἀγαθόν).
Descartes sagt in »Regula IV«: »Zur Erforschung der Wahrheit bedarf es notwendig der Methode.«

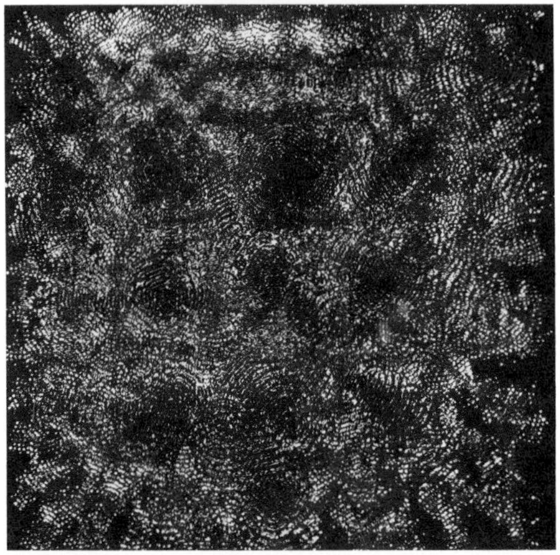

Klangfiguren von Hans Jenny:
kreisförmige Stahlplatte, mit der Frequenz 16 000 in Schwingungen versetzt;

Mozarts Jupiter-Symphonie, Satz 1, Takt 59, Schlag 1 (Triller), auf dieselbe Weise dargestellt.

Hans Gugelot
Was ist Design?

Referat auf dem World Design Congress
in Tokio, 1958

Die Tätigkeit des Gestaltens ist so alt wie die Menschheit. Bei den Menschen der Urzeit war die Hand schon geeignet, Gebrauchsgegenstände, Werkzeuge, zu schaffen. Der Geist war entfaltet. Mit dem Bewußtsein, der Absicht und dem Willen zu gestalten schufen sie sich die Werkzeuge, die sie für ihre Zwecke, die Jagd und die Verarbeitung der Tiere, anwenden konnten. Das geeignetste Material, das ihnen zur Verfügung stand, war der harte Feuerstein, den man nur mit Hilfe besonderer Verarbeitungsmethoden verformen konnte. Im Grunde genommen war dieser Vorgang der Anfang von »Design«.
Heutzutage sind die Aufgaben so komplex und vielschichtig, daß sie kaum von einem Menschen allein gelöst werden können. Aber die Art der Aufgaben hat sich im Laufe dieser Hunderttausende von Jahren nicht sehr geändert. Alle Geräte und Maschinen sind für eine nutzbringende Verwendung gedacht und gestaltet. Wenn nun die Gestaltung schon so alt ist wie die Herstellung von Gegenständen, dann erhebt sich die Frage, warum die Allgemeinheit sich erst seit wenigen Jahrzehnten für die Design-Problematik interessiert, warum die Ausbildung der Designer erst seit einigen Jahren gefördert wird und warum es zur Zeit noch so wenige Ausbildungsstätten für Designer gibt.
Die Beziehung des Verbrauchers zu Gebrauchsgütern war bis zum Beginn der industriellen Revolution, etwa bis Mitte des vorigen Jahrhunderts, noch anders als heutzutage. Die Gegenstände waren damals noch viel einfacher, nicht so komplex, und allein aus diesem Grunde standen sie dem Menschen viel näher.
Schon ein gewöhnlicher Wasserhahn ist für die meisten Menschen ein Buch mit sieben Siegeln, ganz zu schweigen vom Telefon, der Nähmaschine und dem Radio. Sie können sie zwar alle handhaben, aber der Mechanismus bleibt ihnen ein Rätsel. Außerdem sind die heutigen Herstellungsverfahren im Gegensatz zu denen früherer Zeiten derart kompliziert, daß man ein allgemeines Verständnis nicht mehr erwarten kann.
Die Massenproduktion der letzten Jahrzehnte hat notwendigerweise und notgedrungen eine Absatzsteigerung nach sich gezogen. Ich bin zwar kein Marktwirtschaftler, aber ich glaube doch behaupten zu dürfen, daß unsere Herstellungsmethoden sehr schwerfällig sind, das heißt, daß sie sich kaum in kurzer Zeit auf ein anderes Produkt umstellen lassen und daß vor allem ihre Kapazität nicht so schnell und ohne ernste Folgen verändert werden kann. Die Nachfrage kann sich viel schneller ändern, so daß sich bei unserer freien Marktwirtschaft die Produktion kaum nach dem natürlichen Bedarf und der Nachfrage richten kann. Man wird allerdings versuchen, den Bedarf und die Nachfrage zu steuern.
Die Produktion läßt sich mit einer Strahlungsheizung vergleichen. Bei plötzlichem Kälteeinbruch dauert es viele Stunden, bis sich die Decke erwärmt. Wenn die Außentemperatur wieder sehr schnell ansteigt, so ist zuviel Wär-

me vorhanden, denn die Decke strahlt noch viele Stunden lang weiter Hitze aus. Den Bewohnern bleibt nichts anderes übrig, als die Fenster zu öffnen. Die Decke heizt nun so lange weiter, bis ein Ausgleich zwischen der Innen- und Außentemperatur erreicht ist. Ähnliche Verhältnisse lassen sich bei der Beziehung zwischen Massenproduktion und Absatz feststellen, das heißt, wenigstens solange man bereit ist, bei Überproduktion von Wärme die Fenster aufzumachen. Für die Steuerung von Produktion und Absatz gibt es mehrere Möglichkeiten. Um bei dem oben erwähnten Beispiel zu bleiben: Man könnte zum Beispiel den Bewohnern einreden, daß sie noch mehr Hitze brauchen. Die Marktwirtschaftler benötigen hierfür aber die Werbefachleute und auch die Designer. Aufgabe der Designer ist es dann, dafür zu sorgen, daß es dem Verbraucher nicht zu heiß wird.

Ich habe das Spiel von Angebot und Nachfrage hier sehr vereinfacht, und ich möchte mich auch nicht weiter hierzu äußern, sondern will damit nur zeigen, daß ich mir über den Zusammenhang zwischen den Marktverhältnissen und der beruflichen Entwicklung des Industrial Designers ganz klar bin. Allgemein gesprochen, betrachtet der Produzent – abgesehen von einigen idealistisch eingestellten Produzenten – »Design« als ein absatzförderndes Element. Das Argument für die Zusammenarbeit mit den Produzenten kann dem Designer eigentlich ziemlich gleichgültig sein, vor allem, wenn es ihm gelingt, sich in einem frühen Stadium des Produktplanungsprozesses einzuschalten. Ich glaube, gerade an diesem Punkt liegt für den Designer eine wirkliche Chance, seine Fähigkeiten zu entfalten. Produktplanung bezieht sich nicht nur darauf, welches spezifische Produkt hergestellt werden soll, sondern wie das Produkt beschaffen sein soll, wie es funktioniert und wie es sich in die menschliche Umwelt eingliedern läßt. Ich betrachte dies als eine Art koordinierender Tätigkeit, die durch eine Voruntersuchung zu den Randbedingungen einer Aufgabenstellung führen soll, die wiederum Leitfaden für das Konstruktionsteam ist. Um es noch deutlicher auszudrücken: Man könnte die Tätigkeit mit einem Slogan präzisieren. Die Aufgabe des Designers soll darin bestehen, gute Verbrauchsgüter zu gestalten, die sich produzieren lassen, statt gute Produktionsgüter zu entwerfen, die verbraucht werden müssen.

Der Unterschied zwischen einem Designer und einem Ingenieur oder Konstrukteur ist im Grunde genommen nichts anderes als ein technisches Unterscheidungsmerkmal zwischen Spezialisten wie Fertigungsingenieuren, Konstrukteuren und Physikern. Der Designer ist ein Konstrukteur, der den Menschen als Teil eines Systems mit einbezieht. Bei der kunstgewerblichen Tätigkeit spielt dieser Aspekt keine Rolle, denn es wird dem Produkt durch stilistische Mittel das letzte modische Aussehen verliehen. Hierin liegt nun die Gefahr der heutigen Design-Popularisierung. Und wir alle sind dieser Gefahr weitgehend ausgesetzt, das heißt, wenn wir in erster Linie und mit allen Mitteln nur unter dem Aspekt der Absatzförderung arbeiten wollen, und vor allem auch dann, wenn der Name eines Designers so populär geworden ist, daß die Qualität eines Produktes in den Hintergrund gerät, daß also schon der Name des Entwerfers genügt, um dieses Produkt zu verkaufen.

Die Mitarbeit des Industrial Designers wird in der Steigerung des Gebrauchswertes eines Artikels liegen. Durch seine koordinierende Tätigkeit, seine konstruktive Fähigkeit und seine Spezialisierung auf Mensch-Geräte-Beziehungen ist er der einzige im ganzen Team, der die endgültige Struktur des Produktes bestimmt. Ob der Designer nun eine Nähmaschine, ein Meßgerät oder einen Fotoapparat bearbeitet, er betrachtet das Gerät oder die Maschine immer nur im Zusammenhang mit dem Menschen. Die Nähmaschine und die Näherin sind beide Teile eines Regelkreises. Der Mensch ist in diesem System zwar eine Konstante, aber seine spezifischen Eigenschaften sind nicht konstant, und das erschwert die Planung. Der Mensch ist wenig standardisiert, er hat eine begrenzte Bandbreite und eine langsame Reaktionszeit, er ist sehr ungenau. Und letzten Endes müssen all diese Eigenschaften als Konstante bei dem Design eines Gegenstandes mit einbezogen werden. Die Bewegungsmöglichkeit des Menschen wird nur durch die Muskeln und Gelenke begrenzt. Aber dennoch muß man mit Abweichungen bis zu 30 Prozent rechnen.

Den Gebrauchswert erhöhen bedeutet eine Effekterhöhung, das heißt eine Steigerung des Wirkungsgrades. Wenn man eine Gleichung zwischen Gebrauchswert und Effekt aufstellen will, so ist auch der Anschaffungsaufwand zu beachten, der in unserem Wirtschaftssystem etwa mit dem Preis gleichzusetzen ist. Der Preis setzt sich aus Herstellungsaufwand, Umsatz und Vertrieb etc. zusammen. Sozial gesehen, spielt der Preis eines Produktes eine große Rolle, und deshalb ist es ebenso wichtig, daß der Designer dazu beiträgt, die Herstellungskosten bei gleichbleibendem Gebrauchswert zu verringern oder den Gebrauchswert bei gleichen Herstellungskosten zu erhöhen. Somit übernimmt der Designer eine zweifache Aufgabe: den Gebrauchswert zu erhöhen und bei der Verringerung der Herstellungskosten mitzuarbeiten.

Ich vertrete nicht unbedingt die These, daß die Design-Tätigkeit nicht auch zur Förderung des Absatzes dienen kann. Dies ergibt sich zwangsläufig schon aus der zweifachen Aufgabenstellung eines Designers.

Wenn aber der von einem Designer gestaltete Gegenstand sich in die menschliche Umwelt eingliedern lassen soll, so muß noch ein weiterer Faktor in Betracht gezogen werden: Die menschliche Umwelt setzt sich aus Gegenständen zusammen. Jeder neu geschaffene Gegenstand rückt in eine bestimmte Beziehung zu dieser Umwelt und wird ein Teil derselben. Diese Tatsache bringt für die Design-Tätigkeit eine Reihe von Erkenntnissen, die meines Erachtens bis heute noch zu wenig beachtet wurden. Bis zur Industrialisierung hatten wir in dieser Beziehung keine spezifischen Probleme. Einerseits waren die Fertigungsmöglichkeiten sehr beschränkt, zum anderen arbeiteten die Produzenten anonymer und hatten keinen besonderen Ehrgeiz, ihre schöpferische Tätigkeit als eine rein persönliche Leistung zu betrachten. Somit waren in einem bestimmten Zeitabschnitt die Konstruktionsmethoden und auch der Gestaltungswille ziemlich ausgeglichen.

Diese Behauptung läßt sich historisch nachweisen. Es dürfte weitgehend bekannt sein, daß die Kunstmaler ihre Arbeit nicht als Kunst, sondern als reines Handwerk ansahen. Im Bauwesen war es ähnlich: Die Bauzeit war so lang, daß mehrere Generationen bis zur Fertigstellung an einem Bauwerk arbeiteten. Die Qualität der Leistungen war somit über lange Zeitabschnitte hinweg viel gleichmäßiger als heutzutage.

Beziehungen, die ein Mensch in seiner Umwelt vorfindet, sind auch Beziehungen zwischen Gegenständen. Zu ihnen gehören Normung, Passungen, Baukastensysteme, Gerätekomplexionen und nicht zuletzt die Nachbarbeziehung zwischen Produkten und Geräten. Diese Beziehungen treten dann auf, wenn in einem überblickbaren Raum zwei Gegenstände in ein Verhältnis zueinander gebracht werden. Dieses Verhältnis braucht nicht unbedingt funktionell zu sein, sondern kann auch rein formal sein, zum Beispiel wenn Möbel verschiedenster Herkunft in einen Raum gestellt werden, dann gehen sie eine formale Beziehung ein. Dieses Phänomen kann auch im Städtebau etc. auftreten.

Je mehr neue Werkstoffe entwickelt werden und je komplizierter dadurch zum Beispiel die Struktur der Umwelt wird, desto größer wird die Verantwortung des Designers. Die Tätigkeit des Designers kann in diesem Zusammenhang mit der des Städtebauers verglichen werden, dessen Tätigkeit sich ursprünglich aus dem Beruf des Architekten entwickelt hat.

Wenn man all die bisher angeführten Aspekte berücksichtigt, dann ist es sehr schwierig, eine genauere Definition der Tätigkeit eines Designers zu geben. Aber nach vielen Jahren praktischer Tätigkeit und Erfahrung auf dem Gebiet des Industrial Design haben wir in Ulm eine Formulierung gefunden, die vielleicht zur Klärung des Berufsbildes des Designers beitragen kann:

Industrial Design ist die Gestaltung von Industrie-Produkten. Der Designer muß über Kenntnisse, Fähigkeiten und Erfahrungen verfügen, um die produktbestimmenden Faktoren zu erfassen, die Gestaltungskonzeption erarbeiten und dieselbe in Zusammenwirkung mit den an der Produktplanung, -entwicklung und -fertigung Beteiligten bis zum fertigen Produkt durchführen zu können. Die Erkenntnisse der Wissenschaften und Technik dienen als Grundlage für seine koordinierende Entwurfstätigkeit. Ziel seiner Arbeit sind Industrieprodukte, die der Gesellschaft in kultureller und sozialer Hinsicht dienen.

33–91

Zum Bofinger-Möbelsystem M 125,
eine Entwicklung von Hans Gugelot, 1950.

Handlung ist alles – Form ist nichts.

Neue Möglichkeiten im Möbelbau müssen in einem konstruktiven Denkprozeß, ausgehend vom Problem der Fuge, gesucht werden. Ziel des Forschens und Experimentierens ist es, nach einem klar gegliederten Maßsystem Formen zu finden, die aus sich heraus wahr, materialgerecht und überzeugend einfach sind. Die Suche nach immer vollkommenerem Gestalten beinhaltet alle Möglichkeiten, aber auch alle Begrenzungen, die in bezug auf Material und Zweckbestimmung gegeben sind. Das Ergebnis des schöpferischen Prozesses im Bauen soll für den Architekten wie für den Konstrukteur ein Ganzes darstellen, einheitlich in allen Konstruktionsteilen, und als gesamte Erscheinung ein Höchstmaß an technologischer und ästhetischer Organisation aufweisen.
Das Fingerspitzengefühl des Möbeldesigners zeigt sich an scheinbar unwesentlichen Dingen, etwa an der Anordnung eines Zapfens, der die Verbindung herstellt. Wenn diese Verbindung nicht gut gelöst ist, kann auch das Möbel nicht gut sein. Das Ganze besteht aus Teilen, und die Teile bilden in ihrer Gesamtheit das Ganze. Jeder kleinste Zapfen soll seinen richtigen Platz haben. Voraussetzung sind allerdings genaue Kenntnis des Materials und Verständnis für dessen Verwendungsmöglichkeiten und -begrenzungen.
Jeder Konstruktionsteil muß mit jedem anderen in Beziehung stehen. Eine ideale Konstruktion wird bei Überbeanspruchung als Ganzes in sich zusammenfallen, da alle Teile aufeinander abgestimmt waren. Erst die klare Lösung rechtfertigt die Gestalt der Schrankwand M 125. Sie ist das Ergebnis einer präzisen Detailbearbeitung in der Werkstoffwahl, im Verbindungssystem und in den Maßverhältnissen. »Handlung ist alles – Form ist nichts«, können wir mit dem Architekten Emil Steffann sagen.

Hans Gugelot
Beschreibung und Analyse des Baukastensystems M 125

Es gibt viele Arten von Möbeln. Es gibt Sitzmöbel, Tische, Liegen und Schränke.
Jede dieser Möbelgruppen hat eine völlig andere Beziehung zum Verbraucher. Diese Mensch-Gegenstand-Beziehung charakterisiert das Möbel weitgehend.
Es ist selbstverständlich, daß solche Gebrauchsgegenstände bis heute immer unter dem Aspekt dieser bestimmten Beziehung Mensch-Gegenstand, demnach hauptsächlich nach physiologischen Gesichtspunkten, konzipiert wurden.
Neben diesen Mensch-Gegenstand-Beziehungen kennen wir noch die Gegenstand-Gegenstand-Beziehungen, die meines Erachtens für den Gebrauch ebenso wichtig sind und daher bei den Randbedingungen zur Aufgabenstellung primär fungieren. Mittelbar sind diese Gegenstand-Gegenstand-Beziehungen eine Untergruppe der Mensch-Gegenstand-Beziehung.
Der Stuhl hat eine Beziehung zum Tisch, das heißt, bei niedriger Sitzhöhe wird auch der Tisch niedriger werden. Das Buch oder die Pfanne oder das Geschirr hat während der Zeit des Nichtbenutzens eine maßliche Beziehung zum Schrank, und der Schrank, der frei im Raum steht oder an eine Wand gestellt wird, befindet sich in Abhängigkeit vom Bau.
Wenn man diese Theorie weiterentwickelt, wird man feststellen, daß die oben aufgezählten Abhängigkeiten nicht stimmen können, weil dieses Schachtelsystem nicht in seiner Maßkoordinierung von oben nach unten bestimmt wird, sondern daß die Maße, die durch die Beziehung Mensch-Gerät bestimmt werden, Primärmaße sind, die sich an der einen Seite nach oben, an der anderen Seite nach unten verschachteln.
Voraussetzung bei dieser Theorie ist natürlich, daß die Primärmaßreihe in sich stimmt, weil selbstverständlich die sich vergrößernde Maßreihe Bezug nimmt sowohl auf die kleineren als auch auf die größeren Maße der Primärreihe.
So wird vielmehr der Schrank durch die Größe von Büchern, Flaschen, Wäsche, Geschirr etc. bestimmt, die Wand wird durch den Schrank bestimmt, der Raum durch seine Wände und das Gebäude durch seine Räume und die Stadt durch ihre Bauten. Die erstgenannten Gegenstände werden selbstverständlich durch die Größen der Primärmaßreihen bestimmt.
Nach unten sieht die Beziehung etwa folgendermaßen aus: Beispielsweise bei einer Handbohrmaschine tauchen neben den physiologischen Voraussetzungen die zu erfüllenden physikalischen Bedingungen auf. Der Elektromotor, der sich im Handgriff befindet, kann nur kleiner sein als der Handgriff, und hier geht die Reihe hinunter bis zum kleinsten Federsplint. In Wirklichkeit ist die Schachtelbeziehung der Maße sehr viel komplizierter, aber für unsere Betrachtung können wir bei dieser Formulierung bleiben.
Bis jetzt haben wir nur die Beziehung des Gerätes zum Verbraucher betrachtet. Der Normalverbraucher wird sich im allgemeinen nur für diese Beziehung interessieren.

Unter dem Aspekt der Hersteller taucht eine Unmenge ähnlicher Beziehungen auf, die von dem Konstrukteur beim Entwurf unbedingt berücksichtigt werden müssen.
Die Mensch-Gegenstand-Beziehungen spielen bei der Montage eine Rolle und die Gegenstand-Gegenstand-Beziehungen bei der Lagerhaltung und beim Transport.
Bei der klassischen Bauweise ist das Maß des Backsteins mit 6×12×25 cm nicht von der Größe des Baus bestimmt worden, sondern durch die Größe der Hand des Maurers. Eine andere Beobachtung, die wir bei der Analyse von Gebrauchsgegenständen machen, sind der Ort und die Lage, in welcher sich ein Gebrauchsgegenstand befindet. Wir unterscheiden da wieder zwei Hauptgruppen, und zwar solche Gegenstände, die an ihrem Lagerort funktionieren, diese Gegenstände sind weitgehend immobil, und die andere Gruppe der mobilen Geräte.
Analysieren wir die vorerst genannten Möbeltypen nach den wenigen hier genannten Kriterien, so fällt der Tisch in eine andere Kategorie als der Stuhl. Der Schrank nimmt überhaupt eine Sonderstellung ein, indem er gar kein Möbel ist, sondern durch seinen immobilen Charakter eher ein Baubestandteil. Nur durch die unerhört vielfältigen Beziehungen, die der Verbraucher zu dem Schrank hat, wird dieser heute noch weitgehend als Einzelmöbel angeschafft, das heißt, daß der Schrank vom Konsumenten nach dem Gesichtspunkt, was er alles zu lagern hat, gekauft wird. Dieser Katalog von Gegenständen, die in solchen Schränken untergebracht werden sollen, ist von Verbraucher zu Verbraucher verschieden, und daher ist es unlogisch, wenn zwei Verbraucher mit verschiedenen Ansprüchen den gleichen Schrank besitzen wollen.
Im weiteren haben wir festgestellt, daß der Schrank in einer gewissen Größenordnung nicht mehr Möbel ist, sondern Wand wird. Die Beziehungen, welche eine Wand zum Menschen hat, sind vielseitig, und ich möchte nur wenige dieser Wandeigenschaften hier nennen.
Die trennende Funktion der Wand kann akustischer oder visueller Art sein oder beides zusammen. Im weiteren hat die Wand reflektorische Eigenschaften akustischer und optischer Art. Und wenn wir schließlich an die Schallwand denken, so könnte man behaupten, daß die Wand schallerzeugend und eventuell auch lichterzeugend sein kann.
Schließlich kann eine Wand eine Behälterfunktion haben, und dieses wieder kombiniert mit einigen der vorher genannten Funktionen.
Die klassische Wand wurde aus Backsteinen gebaut, die Wand heute besteht durch das geringe spezifische Gewicht der neuen Baustoffe aus größeren Einheiten.
Das Bausystem M 125 ermöglicht es also, Wände zu bauen, und zwar Wände mit der Hauptcharakteristik, Behälter zu sein. Die Elemente sind so bemessen, daß sie rationell hergestellt werden können, und ihre Hauptausdehnung ist wegen der Lagerhaltung und dem Transport primär zweidimensional. Die Oberfläche der Elemente ist sehr hell, damit sie das kostbare Licht reflektiert.
Die Dimensionierung der Elemente ist unter Berücksichtigung eines koordinierenden Maßsystems gewählt worden. Die Längen- und Breitenausdehnung sämtlicher Bauteile ist ein Vielfaches eines Grundmaßes M (M=125 mm), aber so gewählt, daß die Koordination mit kleineren und größeren Elementen gewährleistet ist.
Das hier vorliegende Programm ist, vom Gestalter aus gesehen, nicht ein Programm von Kästen, Schränken und Kommoden, sondern ein System, mit welchem man solche Einerleimöbel bis zur ganzen Wand erstellen kann.

36–56
Vorspann zum Bofinger-Möbelsystem M 125.

36–37
Einfluß der japanischen Architektur auf das Abendland.

Villa Shûgaku-in, Kyôto, früher kaiserliche Sommervilla, 1629.
Entwicklung von Einzelräumen zu ganzen Raumbereichen, Normung der Bauteile durch Modularsysteme und Trennung von tragenden und nichttragenden Konstruktionen in Japan schon seit dem sechsten Jahrhundert.
Teezeremonieschule Ura-Senke in Kyôto. Außer der »Tokonoma«, der Bildnische zum Aufhängen der »Kakemono«, des Rollbildes, und des schlichten Kamelienzweiges, ist der Raum leer. Das zusammenlegbare, filigranartige Möbel dient der Teezeremonie.

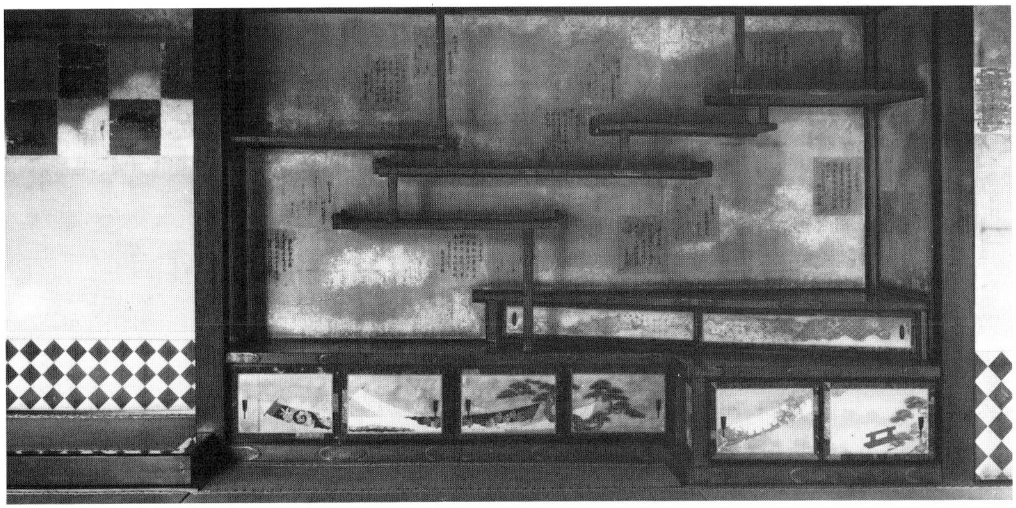

Villa Shûgaku-in.
Die eingebaute »Tana«, die Wandbrettnische, erinnert an Formen des Jugendstils.
Villa Shûgaku-in.
Eingebaute Regale in der Empfangshalle »Kyaku-den«.

38–39
Textur und Gestalt der islamischen Baukunst.

Palastanlage Top-Kapi-Saray, Istanbul, 15.–18. Jahrhundert, Kara Mustafa-Köschkö, um 1750.
Nach Aussagen von Le Corbusier spielte die außereuropäische Baukunst in der Entwicklung der modernen Architektur eine bedeutende Rolle, und zwar weniger mit ihren großen, extravaganten Schöpfungen als mit ihren anonymen Leistungen.
Kara Mustafa-Köschkö.
Der »leere« Raum ist an drei Seiten mit einer niedrigen Sitzbank möbliert. Objektiv gegeben ist die klare Gliederung aus Holz und Glas, subjektive Schöpfung ist die Dekoration.

Bagdad-Köschkö, Istanbul.
Strukturell und texturell ist das türkische »Köschk« ein phantasievolles Element in der Palastarchitektur.
Bagdad-Köschkö.
Der Diwan mit den bestickten, farbigen Decken ist nicht ein Beiwerk, sondern Teil und Gegenstück der architektonischen Spielformen.

40–41
Rückgriff auf die sachliche Baugestalt.

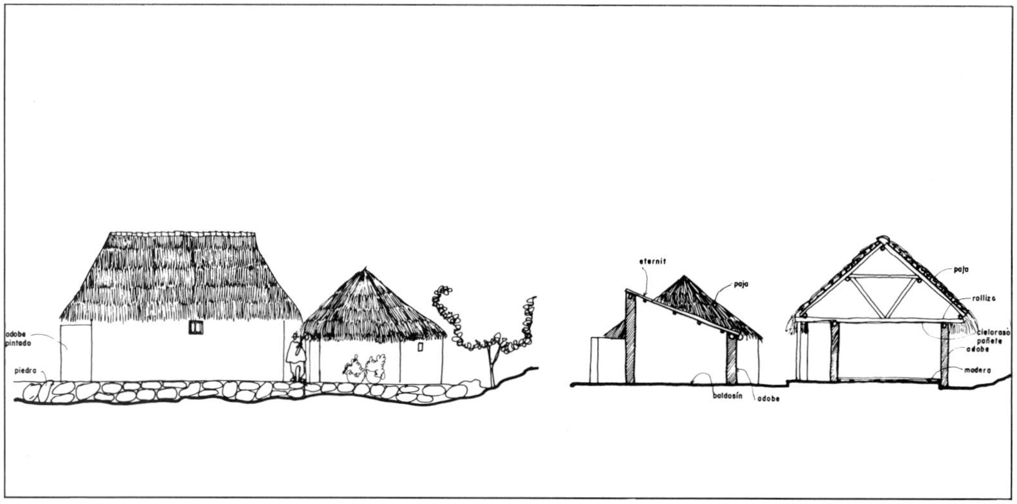

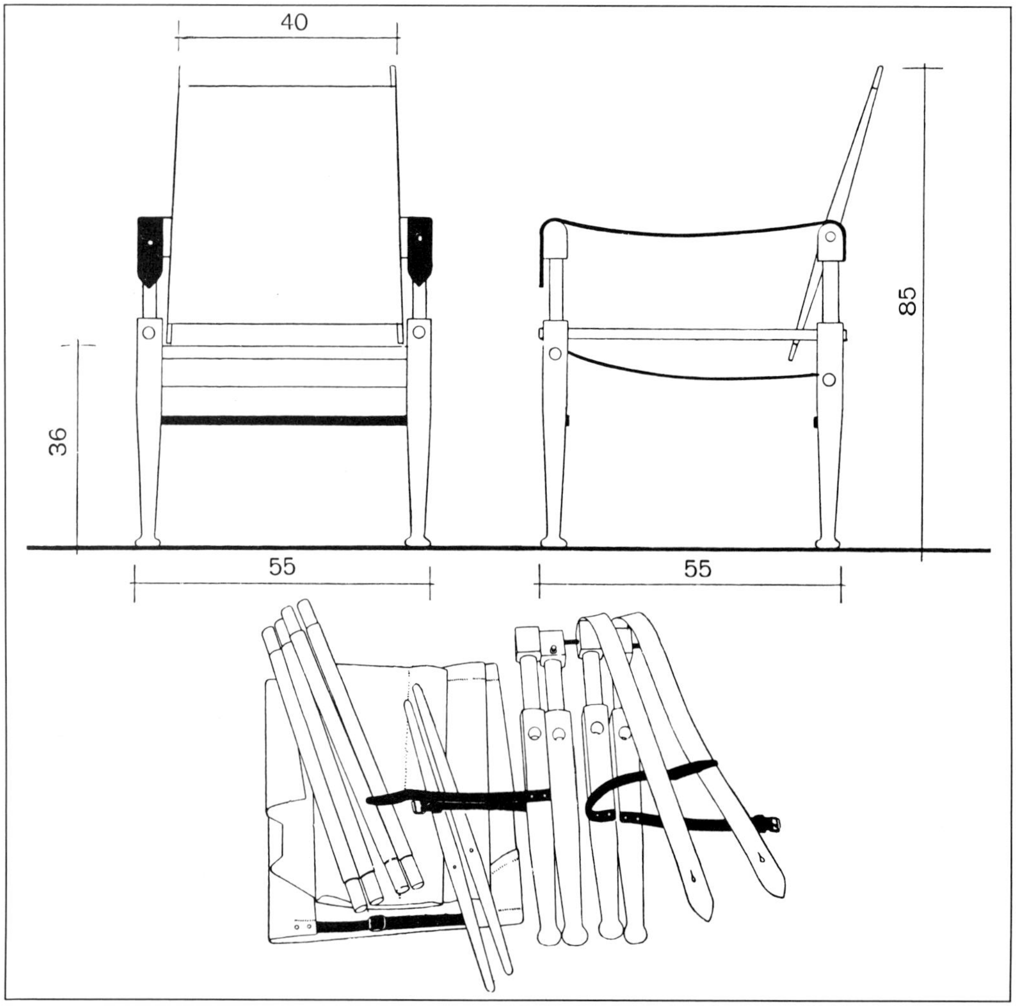

Einfaches Haus in naturbelassenen Materialien aus Kolumbien (Lateinamerika).
Kolonialstuhl (Wiederherstellung etwa 1917).
Gerüst aus gedämpfter Buche, verstellbare Lehne mit Leinenbezug, zerlegbar.

John Kibble (Ingenieur in Glasgow): Kibble Palace, botanischer Garten, Glasgow, 1863–1865. Mit der Gußeisenarchitektur des 19. Jahrhunderts wurde die spezielle tektonische Gestalt entwickelt.
Schiffskommode aus England.
Genormtes Grundmaß, stapelbar und handlich.

42–43
Von der Lineatur zum Raumensemble.

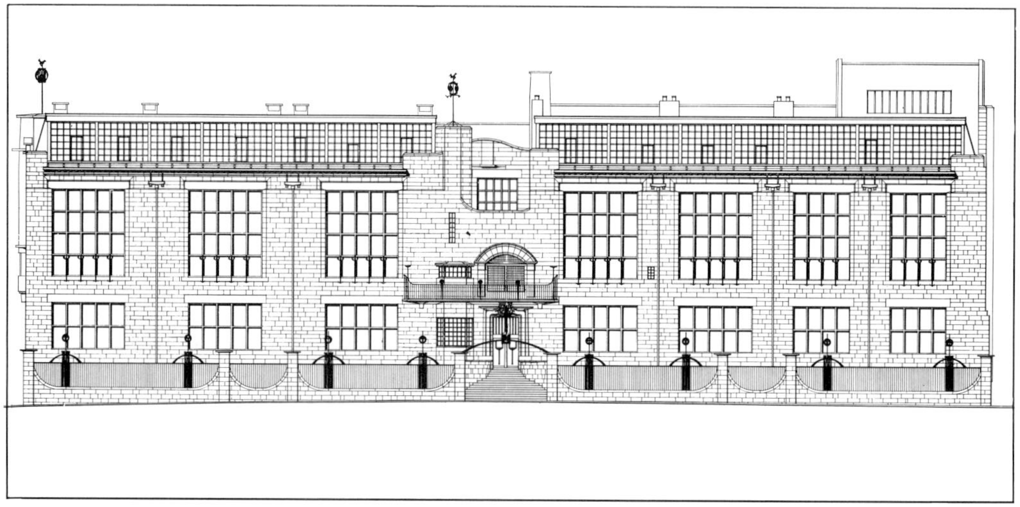

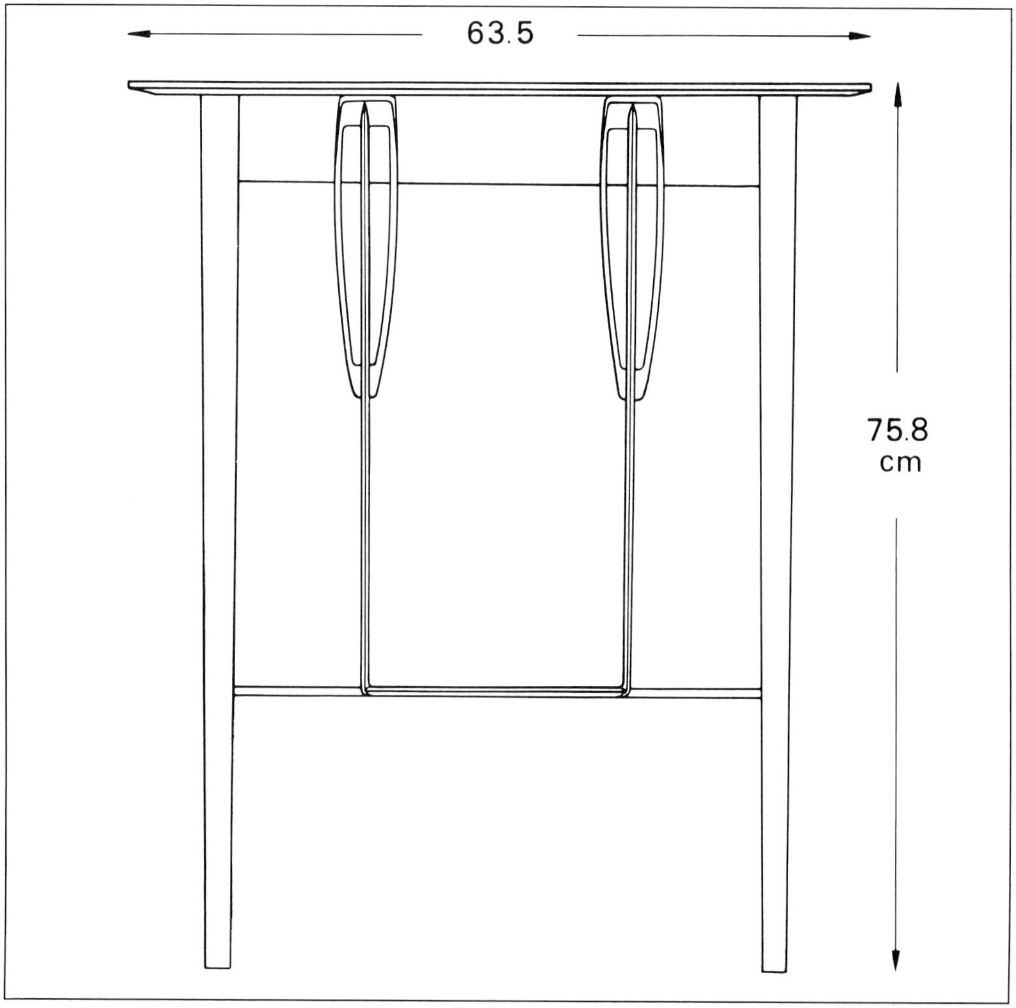

Charles Rennie Mackintosh (1868–1928): Glasgow School of Art, Glasgow, 1898/99. Entscheidendes Beispiel gegen den historischen Baustil. Vorbild des Art Nouveau und der rationalistischen Architektur.
Charles Rennie Mackintosh: schmaler Tisch für das Musikzimmer von Miß Cranston, Glasgow, 1906.

Charles Rennie Mackintosh: Hill House, Helensburgh/Dunbartonshire, 1902/03.
Feine und kühne Gliederung der Architektur bis ins kurvig-lineare Möbel.
Charles Rennie Mackintosh: Möbel aus dem Schlafzimmer des Hill House.
Die sensible Formulierung im Innenräumlichen mit Lineatur wiegt das äußere schwere Mauerwerk auf.

44–45
Das Haus als räumliche Einheit.

Frank Lloyd Wright (1869–1959): Unitarier-Tempel, Oak Park/Illinois, 1906/07. Kultraum mit quadratischem Grundriß, dynamische Raumeinheit, die kubische Form steht für die Integrität.

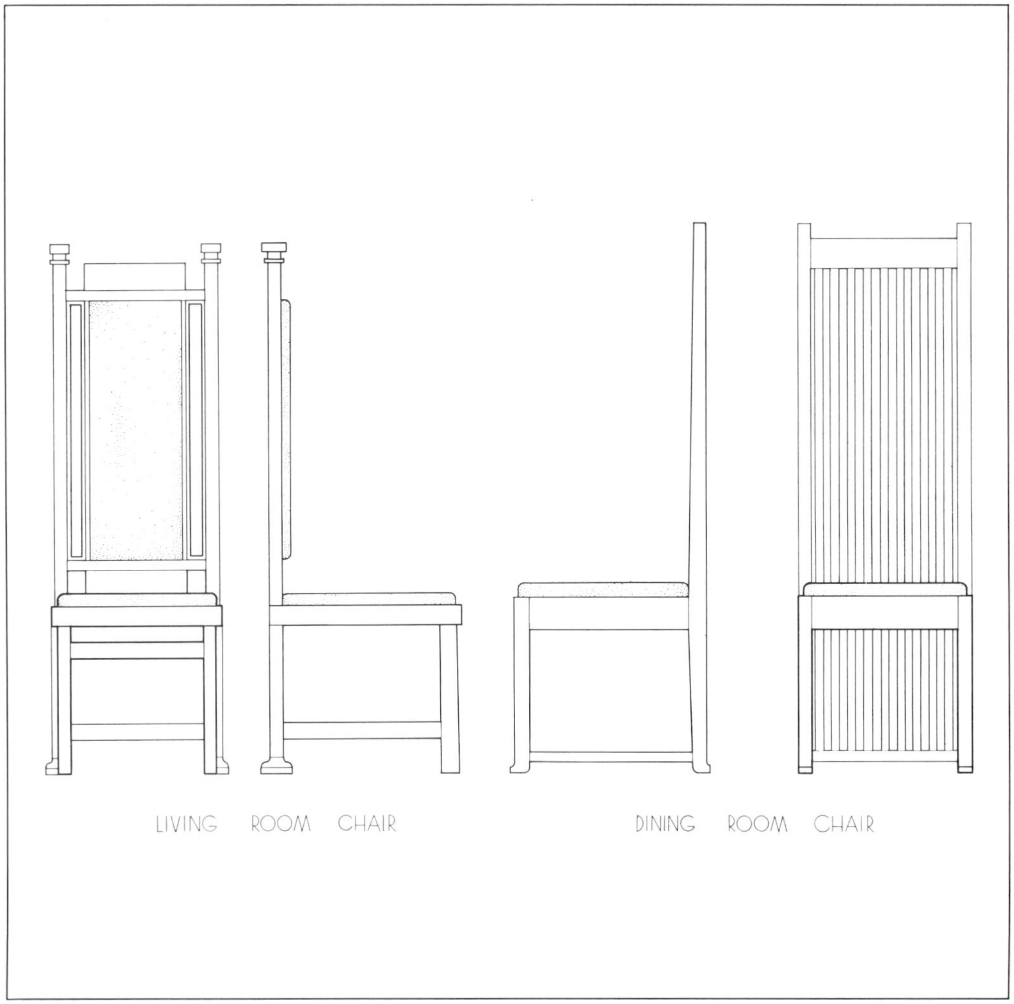

Frank Lloyd Wright: Haus Frederick C. Robie, Chicago, 1908/09.
Eine städtische Villa mit planen Flächen und plastischer Wirkung.
Haus Robie.
Die Inneneinrichtung ist vollständig von Wright entworfen. Geometrische Linien schaffen Transparenz.

46–47
Raumdurchdringung und Verschachtelung.

Gerrit Thomas Rietveld (1888–1964): Haus Schröder, Utrecht, 1924 (oben links und rechts).
Kubische und elementare architektonische Gestaltung und die Verwendung der Grundfarben Rot, Blau, Gelb.
Gerrit Thomas Rietveld: »Berliner Stuhl«, 1923.
Der Gesamtkubus des Möbels wird in einzelne Teile zerlegt.

Gerrit Thomas Rietveld: Lattenmöbel, 1934.
Eine frühe Art des Cash-and-Carry-Möbels
zum Selber-Zusammenbauen.

48–49
Das Maß von 125 cm im Bauwerk und Möbelbau.

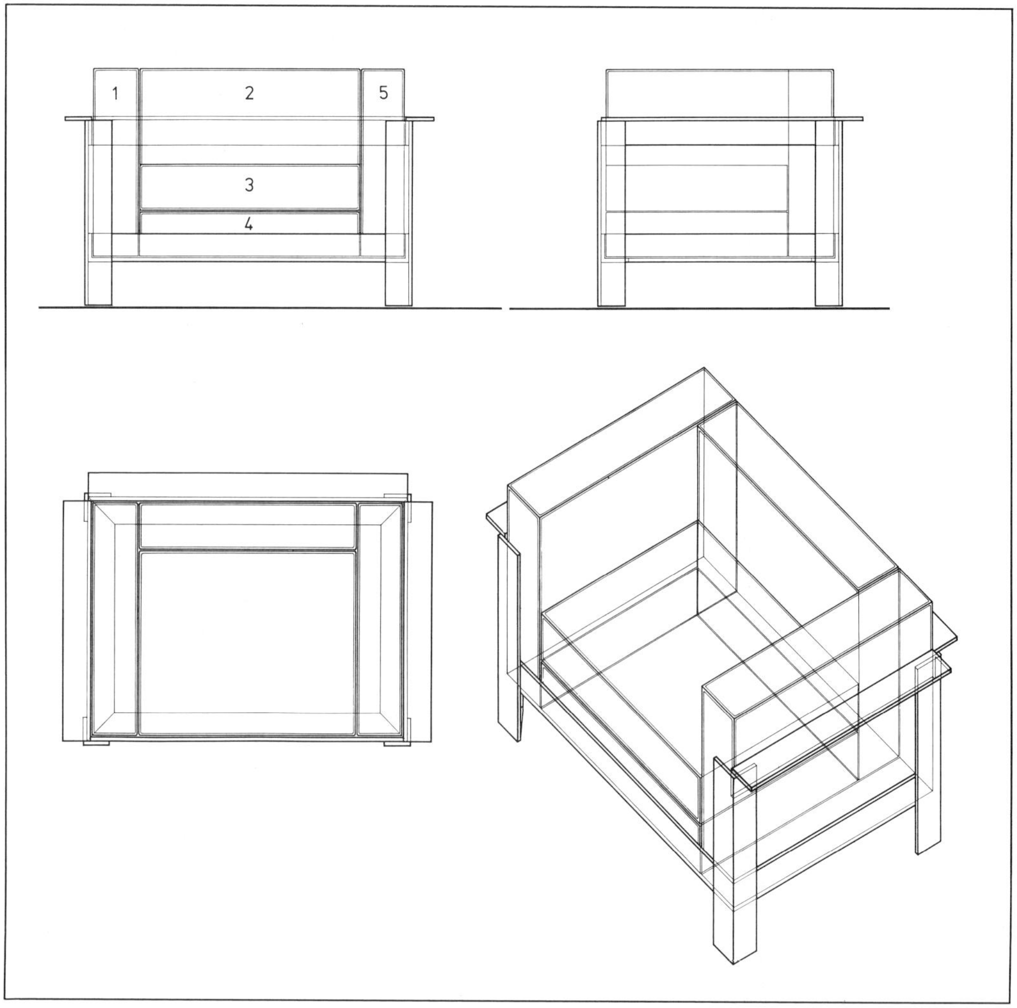

Johannes Spalt: Kirchenanlage Salvator am Wienerfeld, 1977–1979.
Genormtes Grundmodul von 125 cm. Offener Grundriß mit einer vom Innenraum her verstandenen beweglichen Konzeption.
Arbeitsgruppe 4, Holzbauer, Kurrent, Spalt: Sessel aus Elementen von 125 mm, 1959.
Konstruktion aus verleimten Hartfaserplatten, Federpolsterelemente mit Naturleinen überzogen.

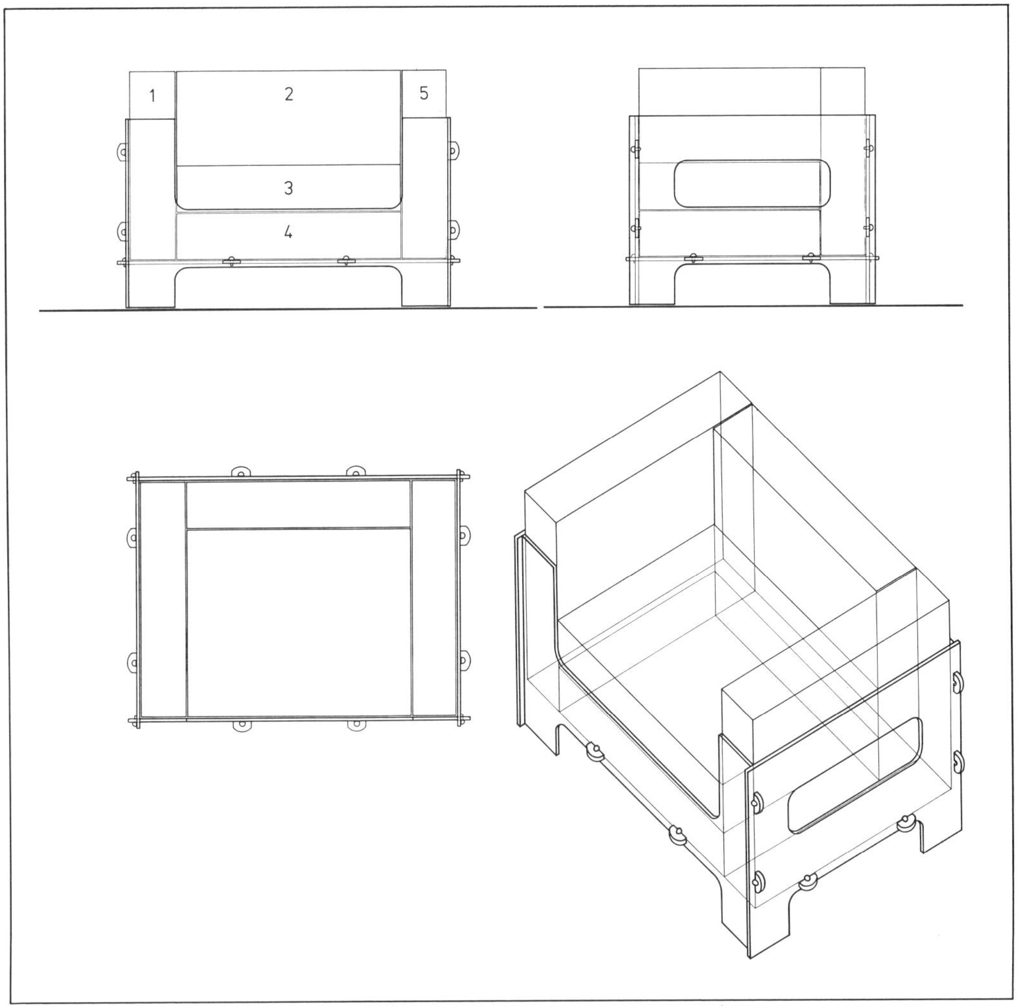

Johannes Spalt: Kirchenanlage Salvator.
Ein Gerüst mit Ausfachung: Assoziation mit der japanischen Architektur.
Johannes Spalt: zerlegbare Sessel aus Elementen von 125 mm, 1965.
Konstruktion aus Hartfaserplatten, die mit Keilen verbunden sind.

50–51
Entwicklung vom Möbel- zum Bausystem.

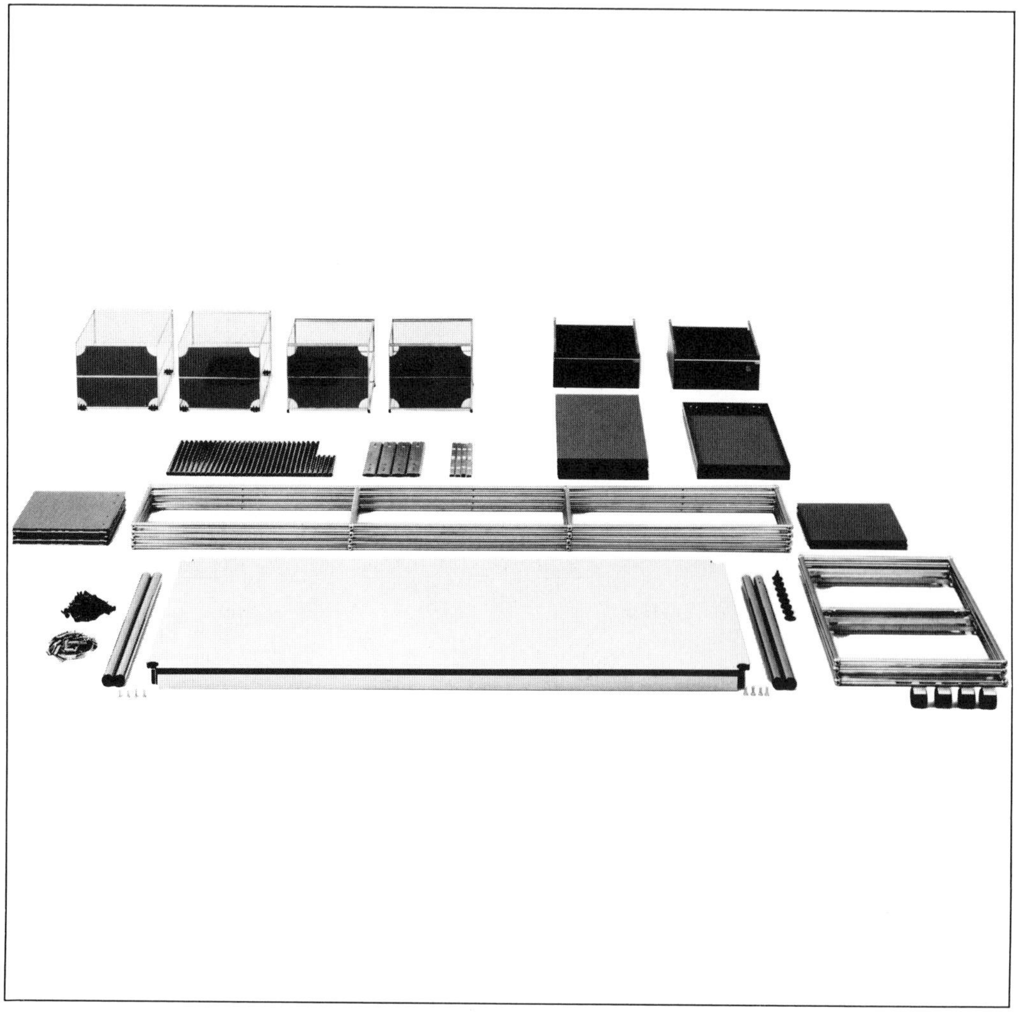

Fritz Haller, Alfons Barth, Hans Zaugg: Ausbildungszentrum Löwenberg der Schweizerischen Bundesbahnen, Murten, 1980–1983. Die Gebäude sind aus dem von Fritz Haller entwickelten Midi-Stahlbau aus der Reihe USM-Bausysteme entwickelt.
Fritz Haller: USM-Haller-Möbelsystem, Entwicklung in den siebziger Jahren. Einrichtungs-Baukastensystem, das verschiedene Bedürfnisse in Wohnung und Büro dekken kann.

Haller, Barth, Zaugg: Ausbildungszentrum Löwenberg, Wohnpavillon.
Das Tragwerk des runden Wohnpavillons ist ein Stahlbetonskelett mit einer vorgehängten Leichtbaufassade.
Fritz Haller: USM-Haller-Möbelsystem.
Aus wenigen Bauteilen lassen sich vielfältige Kombinationen zu räumlichen Strukturen aufbauen.

52–53
Linien, Flächen, Räume.

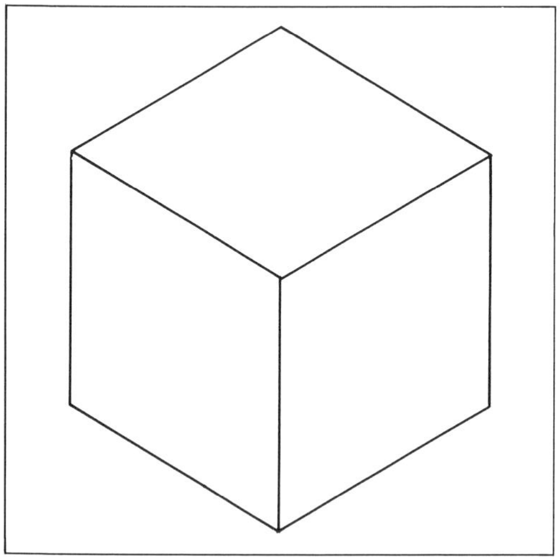

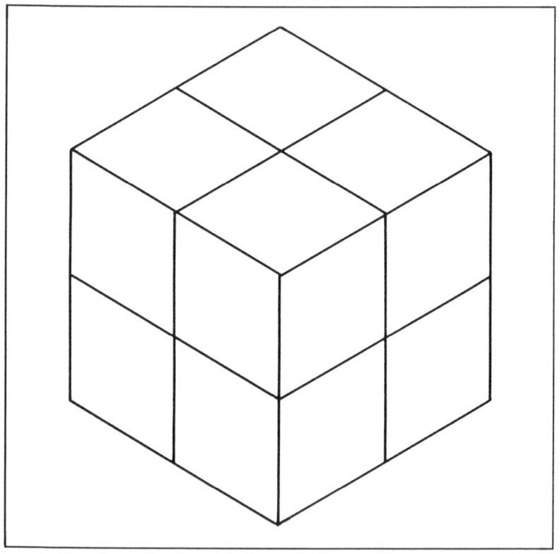

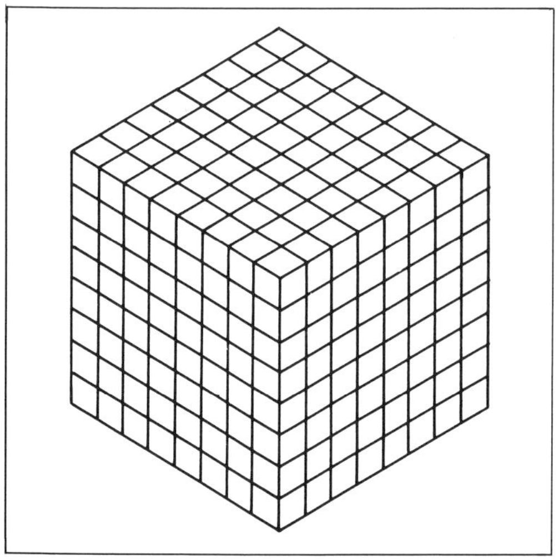

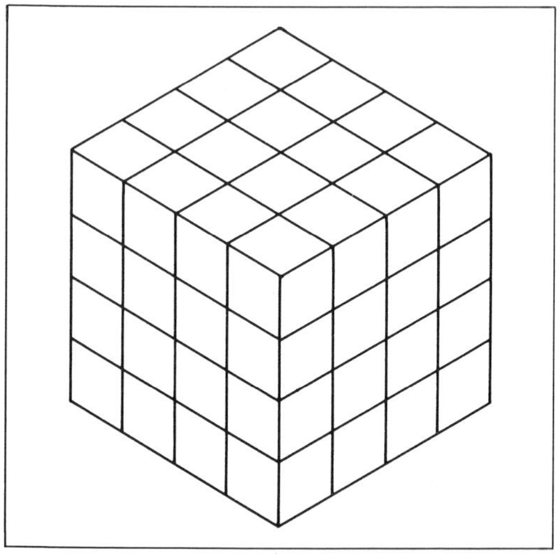

P. J. C. Klaarhamer: Entwurf für Etagenhäuser, Utrecht, 1919.
Konstruktive Lösung von horizontalen durchgehenden Elementen mit dazwischenliegenden vertikalen Stützen.
William Graatsma und Jan Slothouber, Eindhoven: Cubic constructions compendium, Entwicklung seit 1970.
Aus der experimentellen und der angewandten Forschung entstehen aufgrund von einfachen Konstruktionsschemata ökonomische Lösungen mit universellen Möglichkeiten.
Graatsma-Slothouber: Cubics.
Objekte werden als Durchdringung und als Beziehungsspiel von Linien, Flächen, Räumen aufgefaßt.

54–55
Architektur bis ins Möbel.

Werner Blaser: Kirchengemeindezentrum Neuenburg, 1967–1970.
Die Qualität der Architektur zeigt sich am Detail.

Werner Blaser, Basel: Kletterlabyrinth in Akazienholz, 1960.
Das anhand der Maße von Le Corbusiers »Modulor« entwickelte Spielgerät wurde erstmals im Kindergarten Hirzbrunnen (Basel), später im Gartenbad Bachgraben verwendet.

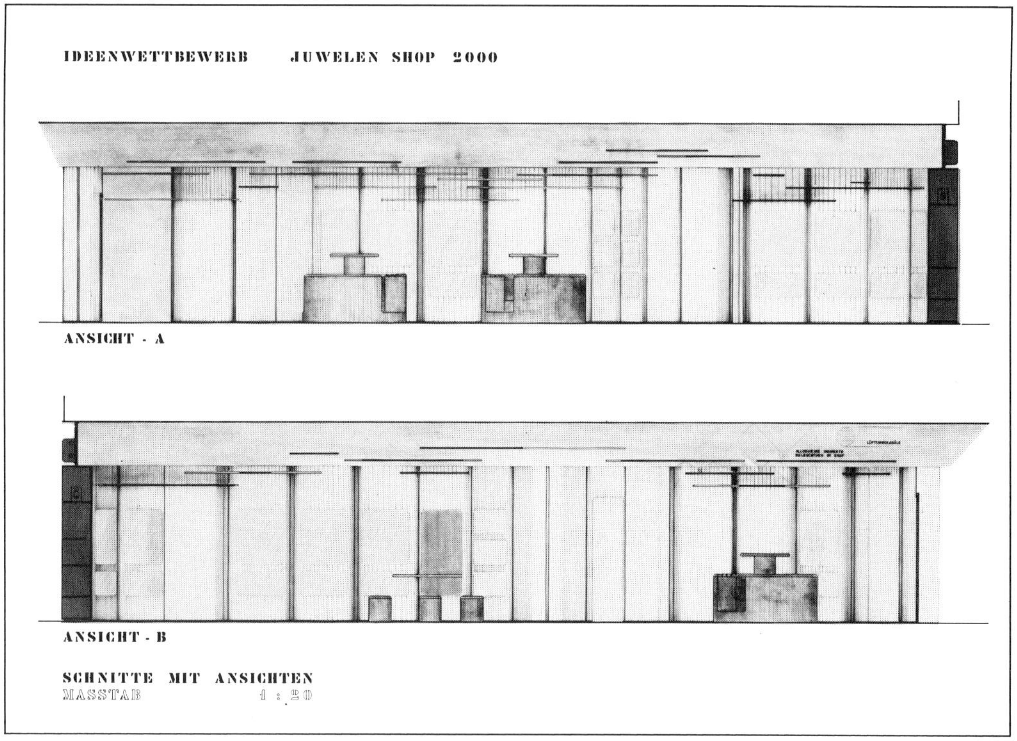

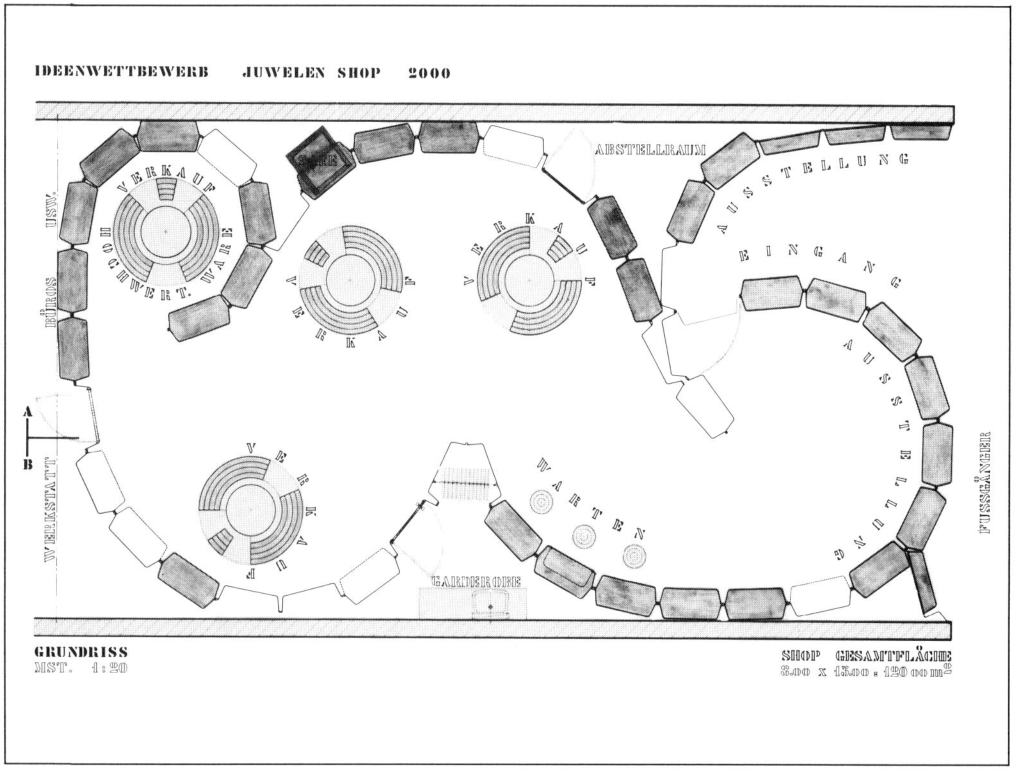

Werner Blaser: Schmuckgeschäft, Entwurf um 1975.
Containerelemente als architektonisches Gliederungsmittel. Räumliche Gestaltung eines Ladens durch beliebige Aneinanderreihung von nur einem Grundelement 110×50×250 cm.

56
Leichtigkeit und Volumen.

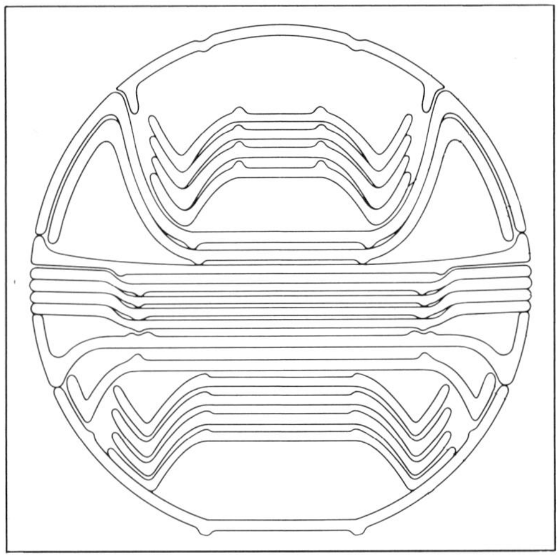

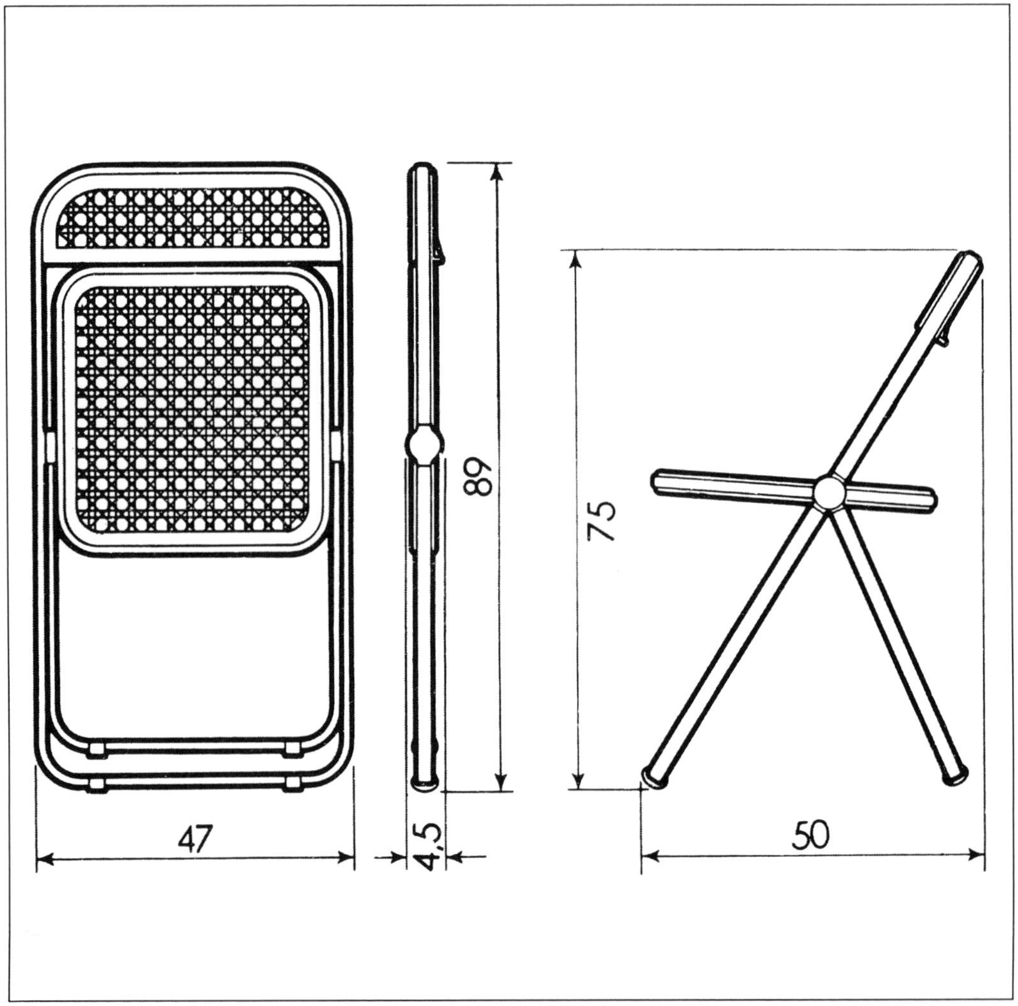

Helen von Bloch: Kugel für ein komplettes Service, um 1971.
Gestalt und Funktion in einem.

Gian-Carlo Piretti: Klappstuhl »Plia«, 1969. Stahlrohrrahmen, Sitzfläche aus Plexiglas. Um ein dreiteiliges, scheibenförmiges Gelenk klappbar (zusammengeklappt nur 5 cm tief).

57–87

Bofinger-Möbelsystem M 125
von Hans Gugelot, Ulm, 1950.

M = Maß 125 mm.
Ein Programm.

Ein Element.
Bestehende Möbelkombinationen des Programms M 125 können jederzeit zu einem anderen Zweck umgebaut oder nach allen Seiten beliebig erweitert werden. Beim Umzug werden die Möbel zerlegt und am neuen Ort zu neuen Kombinationen zusammengebaut. Einbauschränke lassen sich in jeder Größe und Zusammensetzung herstellen.
Ein System.
Das ganze System besteht aus wenigen Elementen, Platten, Winkeln, Beschlägen, die beliebig zu Kästchen, Schränken, Regalen, Einbauwänden und raumteilenden Kombinationen zusammengesetzt werden können. Die Montage ist einfach und kann in kurzer Zeit ausgeführt werden.
Ein Möbel.
Mit dem Möbelsystem M 125 können alle Möbeltypen hergestellt werden, gleichgültig, ob es sich um Büromöbel, Schlafzimmer- oder Wohnzimmereinrichtungen handelt. Die genormten Möbelteile werden nach Wahl zusammengebaut. Die Kombinationen lassen sich allen individuellen Wünschen und der Eigenart der Wohnung anpassen.

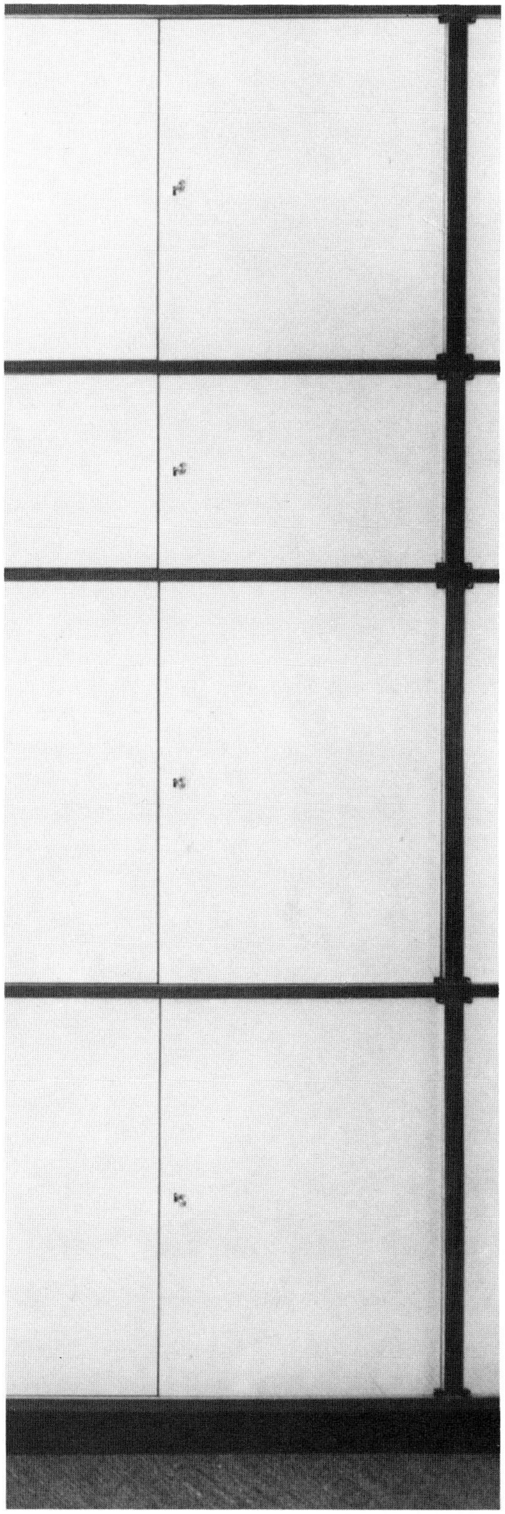

57

M 125
DETAILS

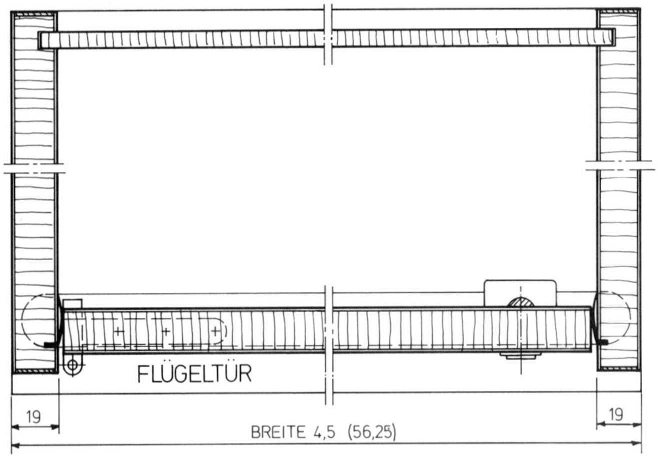

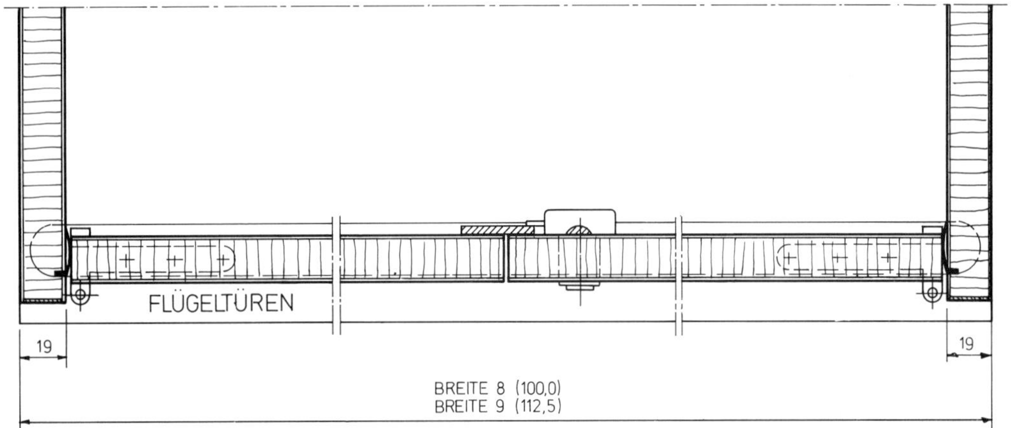

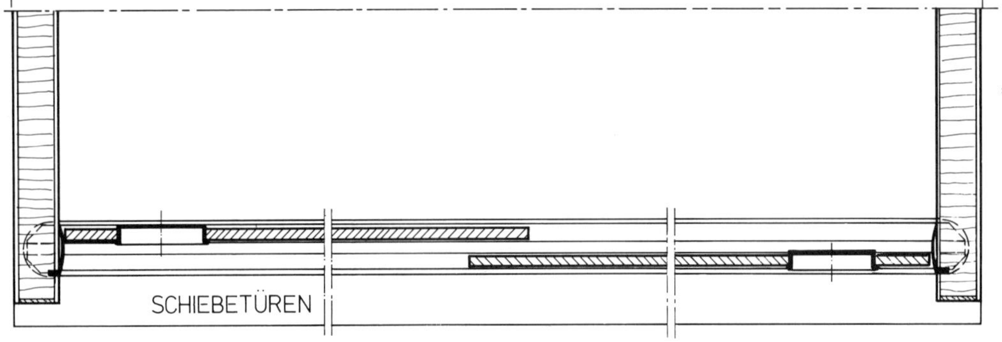

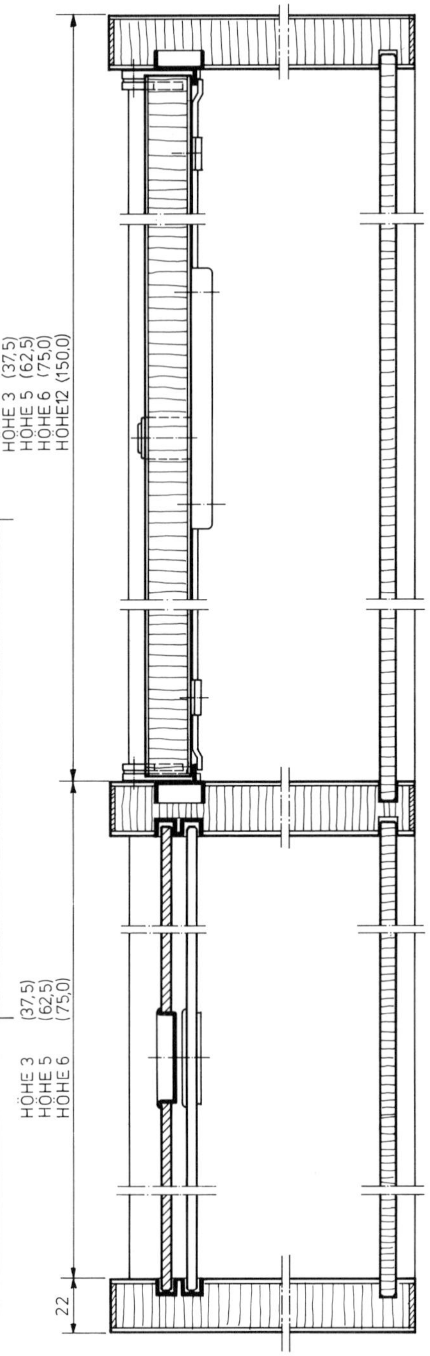

Typische Details des Bofinger-Möbelsystems M125.

Die Aufbaumöbel sind nach dem Grundmaß 125 mm konzipiert und lassen sich in unzähligen Varianten zusammensetzen.

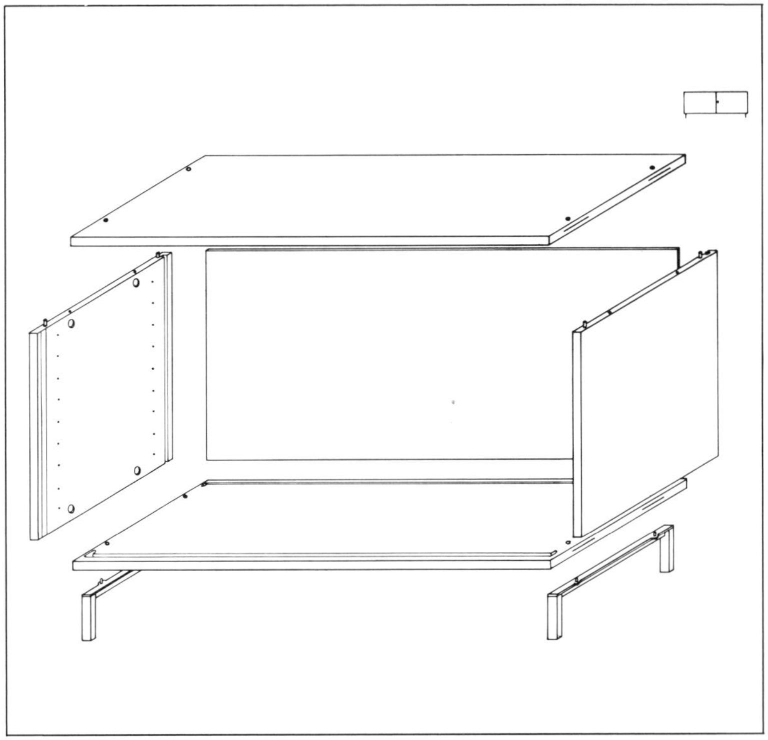

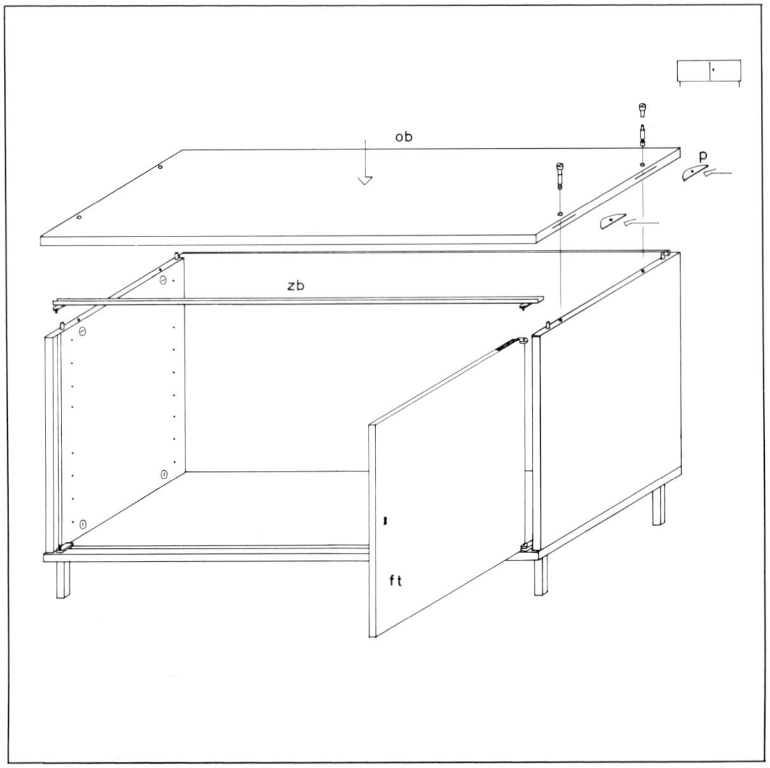

Was ist unter »M 125« zu verstehen? Baresel-Bofinger erklärt: »M 125 bedeutet ein Maß. Es ist das Maß des Ziegelsteins, der 125 mm breit ist. Achtmal 125 ergibt das Metermaß. Zweimal 125 ist gerade die Tiefe eines Buches. Dreimal 125 ist die Tiefe und Höhe eines Aktenordners. Viereinhalbmal 125 ergibt genau die Tiefe eines Schrankes und so weiter. Sie sehen schon, dieses Maß eignet sich besonders für praktische Kombinationsmöglichkeiten.«

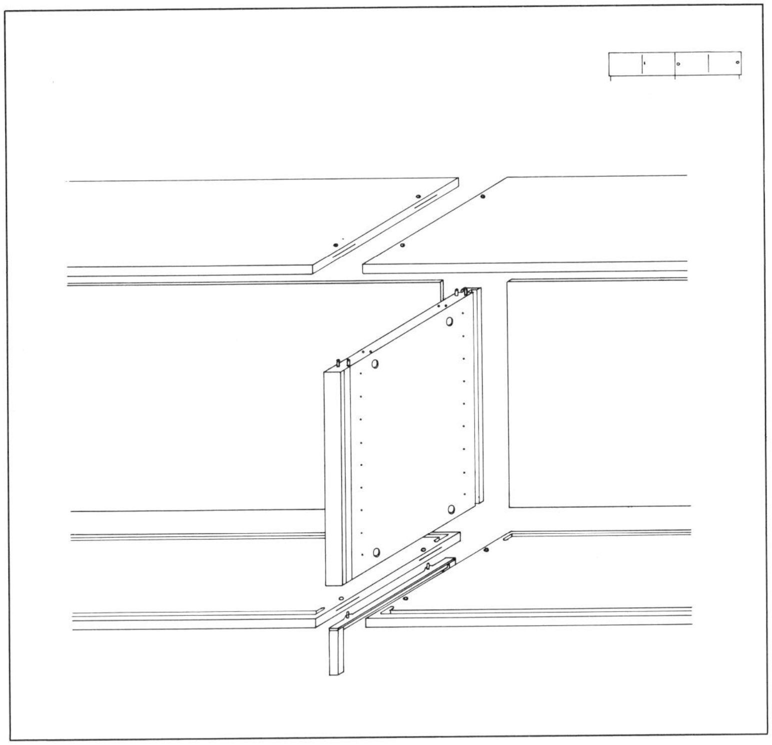

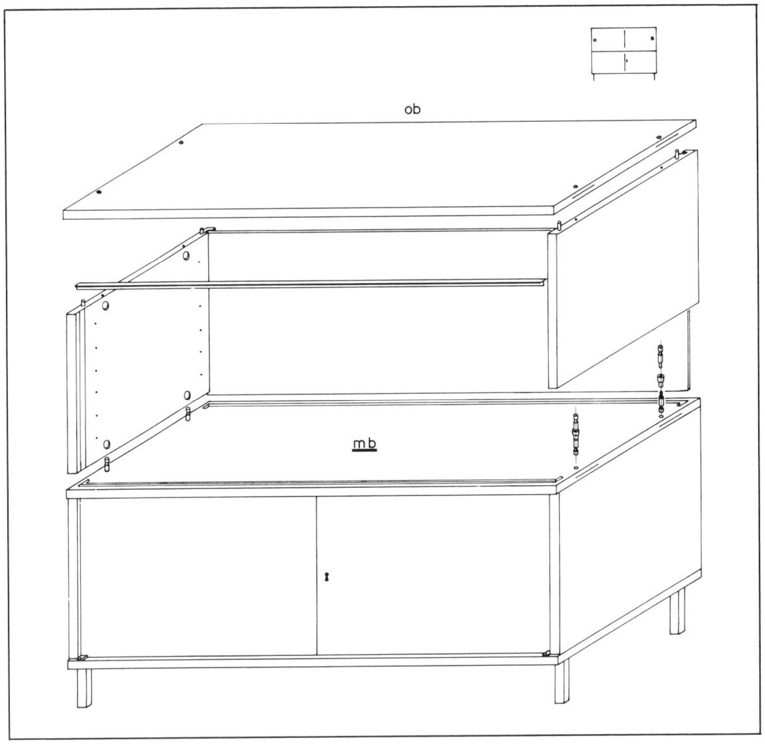
ob
mb

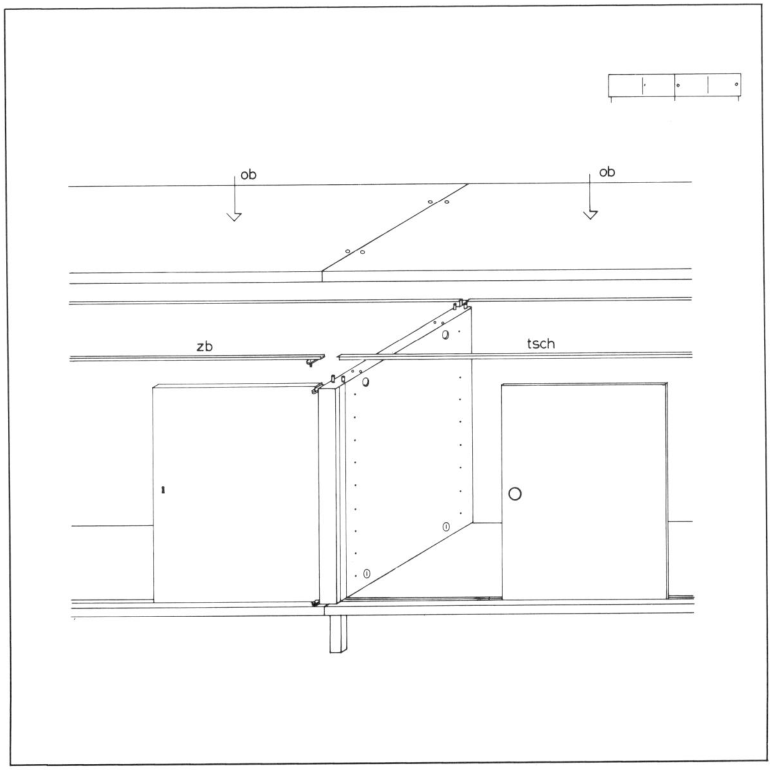
ob
ob
zb
tsch

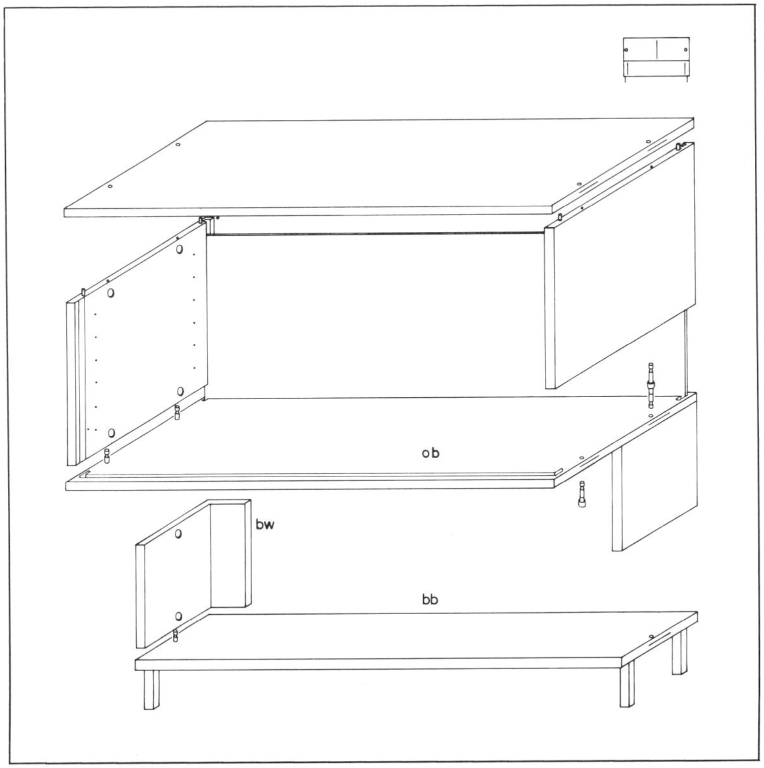
ob
bw
bb

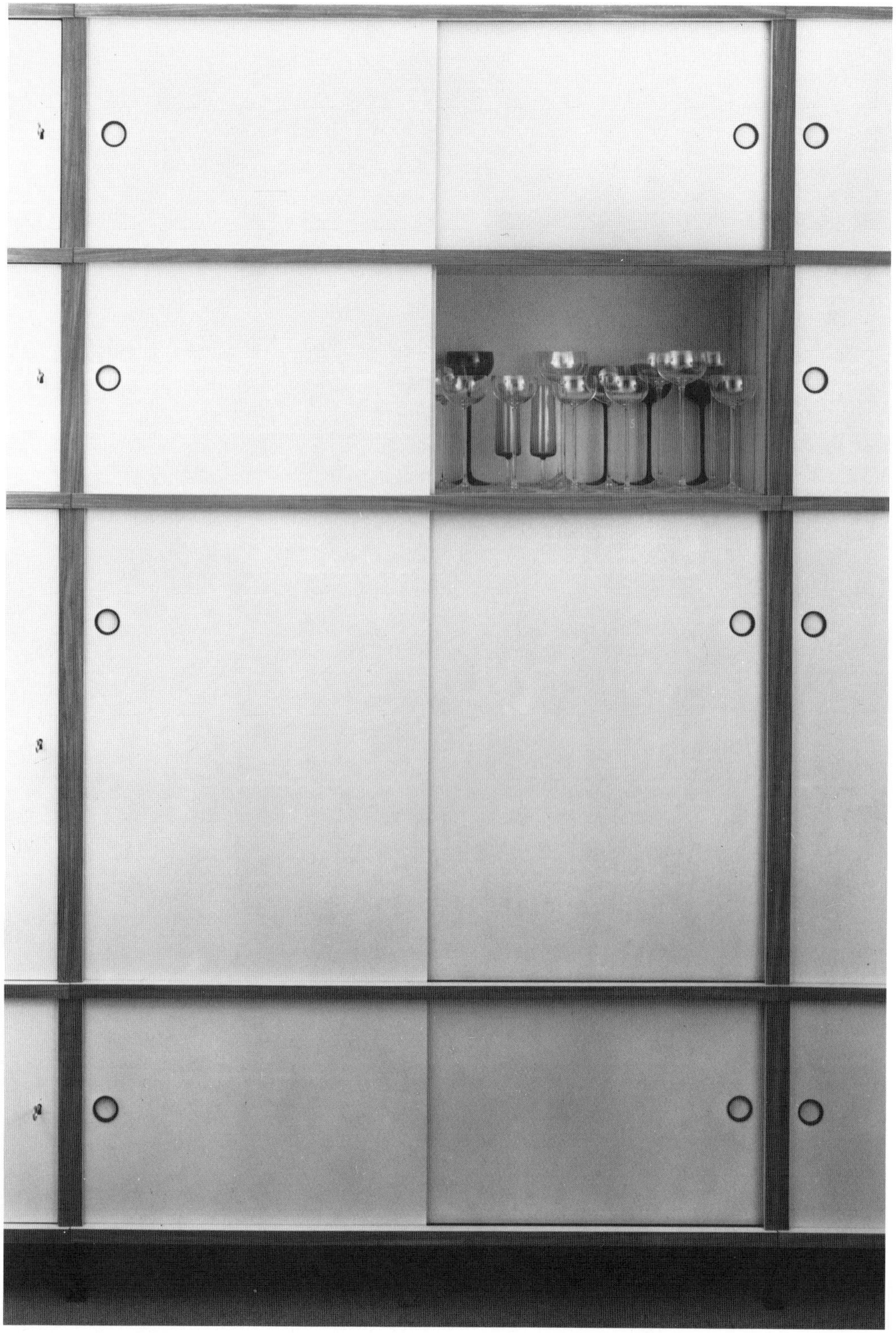

Möbel-Landschaften, Wandschränke, Schrankwände, tausend Einzelmöbel vom Bücherregal bis zum Schminktisch: Mit M 125 (dem Möbel aus Bauteilen) werden ungewöhnliche Inneneinrichtungen nach eigenen Entwürfen gestaltet.

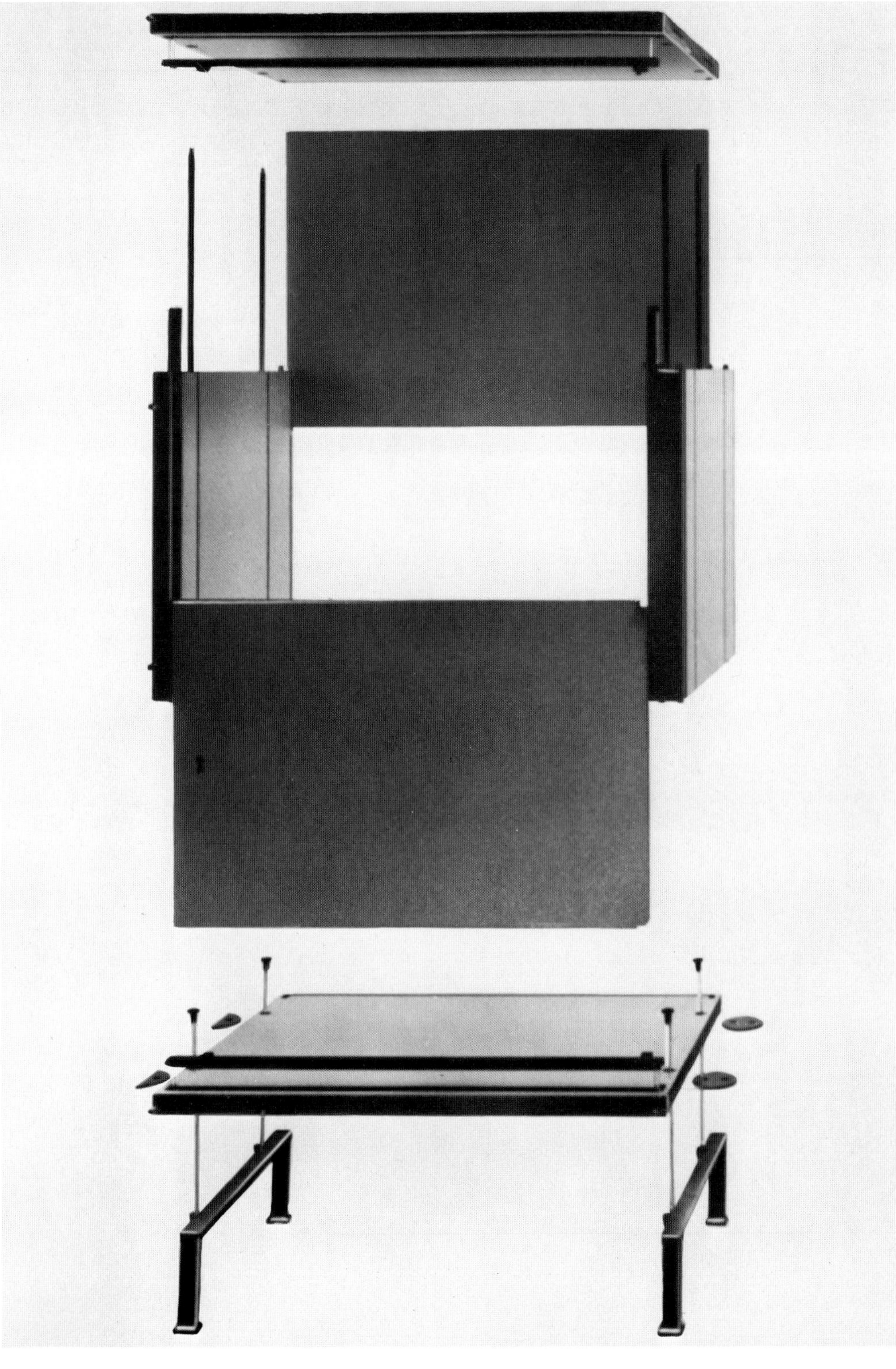

Explosionsmodell M125, noch mit Zugstangen ausgeführt.

Mit kluger Bescheidenheit will Baresel-Bofinger das moderne Möbel nicht als Kunstgegenstand verstanden wissen: »Es ist ein Gebrauchsgegenstand. Und der Gegenstand, der gebraucht wird, muß ergänzt werden durch die Dinge, die eine engere, persönlichere Beziehung zum Menschen haben: durch ein gutes Bild, Teppiche, Bücher, eine Plastik, Antiquitäten aller Art.« Baresel-Bofinger meint, ein modernes Möbel sei um so besser, je schöner es diese persönlichen Dinge zur Geltung bringen kann. Und er gibt zudem eine ganz praktische Erklärung für seine weiße Plastikfolie: »Holz ist der Mode unterworfen. Einmal ist Nußbaum modern, dann Teak, Palisander usw. Außerdem verändert sich die Farbe des Holzes mit den Jahren. Für Anbaumöbel ist das nicht gut. Meine weißen Möbel haben nur schmale Holzrahmen. Sie sind in fünfzig Jahren noch genauso weiß und zeitlos wie heute«.

Variabel und transportabel – tausend Möglichkeiten, sich einzurichten. Alle Kombinationen lassen sich auf das Grundelement 125 addieren: 25, 37,5, 75, 150.

DIE ODYSSEE
65
DALI

Möbel aus dem System M 125 können freistehend, also raumtrennend, oder an der Wand aufgestellt werden. Aus dem Möbelsystem M 125 lassen sich Einrichtungen für den Wohn- und Schlafbereich und für das Büro zusammenstellen. Das Möbelsystem M 125 eignet sich für kleine Möbel ebenso wie für ganz große Einrichtungen.

1959
1960
BRIEFE
1960

Das ganze System besteht aus wenigen Elementen: Platten, Winkeln, Beschlägen, die beliebig zu Kästchen, Kommoden, Schränken, Regalen, Einbauwänden und raumteilenden Kombinationen zusammengesetzt werden können. Alle Kombinationen jedoch lassen sich auf die Addition der Grundkombinationen zurückführen, die sowohl 37,5 cm als auch 56,25 cm tief sein können.

M 125 heißt: Maßeinheit 125 mm. Das gesamte Programm weist Maße auf, die durch 125 mm teilbar sind. Die jahrelange Entwicklungsarbeit bewies, daß dies die vielseitigsten Einbaumöglichkeiten bietet. Seine wichtigste Aufgabe sah der Entwerfer darin, ein Programm zu schaffen, das vor allem die Möglichkeit für ganze Schrankwände bietet und so auf möglichst kleinem Grundriß viele Einzelmöbel wie Kommoden, Geschirrschränke, Kleiderschränke, Bücherregale ersetzt, die üblicherweise an verschiedenen Wänden verteilt aufgestellt werden.

Soviel freien Raum zu schaffen, wie nur irgend möglich, ist heute eines der wesentlichen Anliegen bei der Gestaltung und Einrichtung einer Wohnung. Nur wenige haben das Privileg, in großen Eigenheimen ihr Zuhause absolut frei zu gestalten. Für die Mehrzahl der Menschen ist heute freier Raum immer noch ein Luxus.

Besonders interessant ist das Material: beidseitig mit Kunststoff beschichtete Platten zwischen Afromosia-Umleimern in einem sehr hellen, weichen und völlig glanzlosen Grau, das fast an lackierte Empiremöbel erinnert – in einem Farbton also, der sich den Wänden anpaßt und den Besucher nicht gleich attakkiert, sondern sehr zurückhaltend ist.

Soviel freien Raum zu schaffen, wie nur irgend möglich, ist heute eines der wesentlichen Anliegen bei der Gestaltung und Einrichtung einer Wohnung. Nur wenige haben das Privileg, in großen Eigenheimen ihr Zuhause absolut frei zu gestalten. Für die Mehrzahl der Menschen ist heute freier Raum immer noch ein Luxus.

Mit M 125 lassen sich Räume bilden. Die Wände sind äußerst geräumige Schrankwände.

Die Möbel können sowohl mit Schiebetüren als auch mit verschließbaren Flügeltüren ausgestattet werden. Auch die Rückwände sind mit der gleichen Oberfläche versehen, so daß jedes Möbelstück frei in den Raum gestellt werden kann.

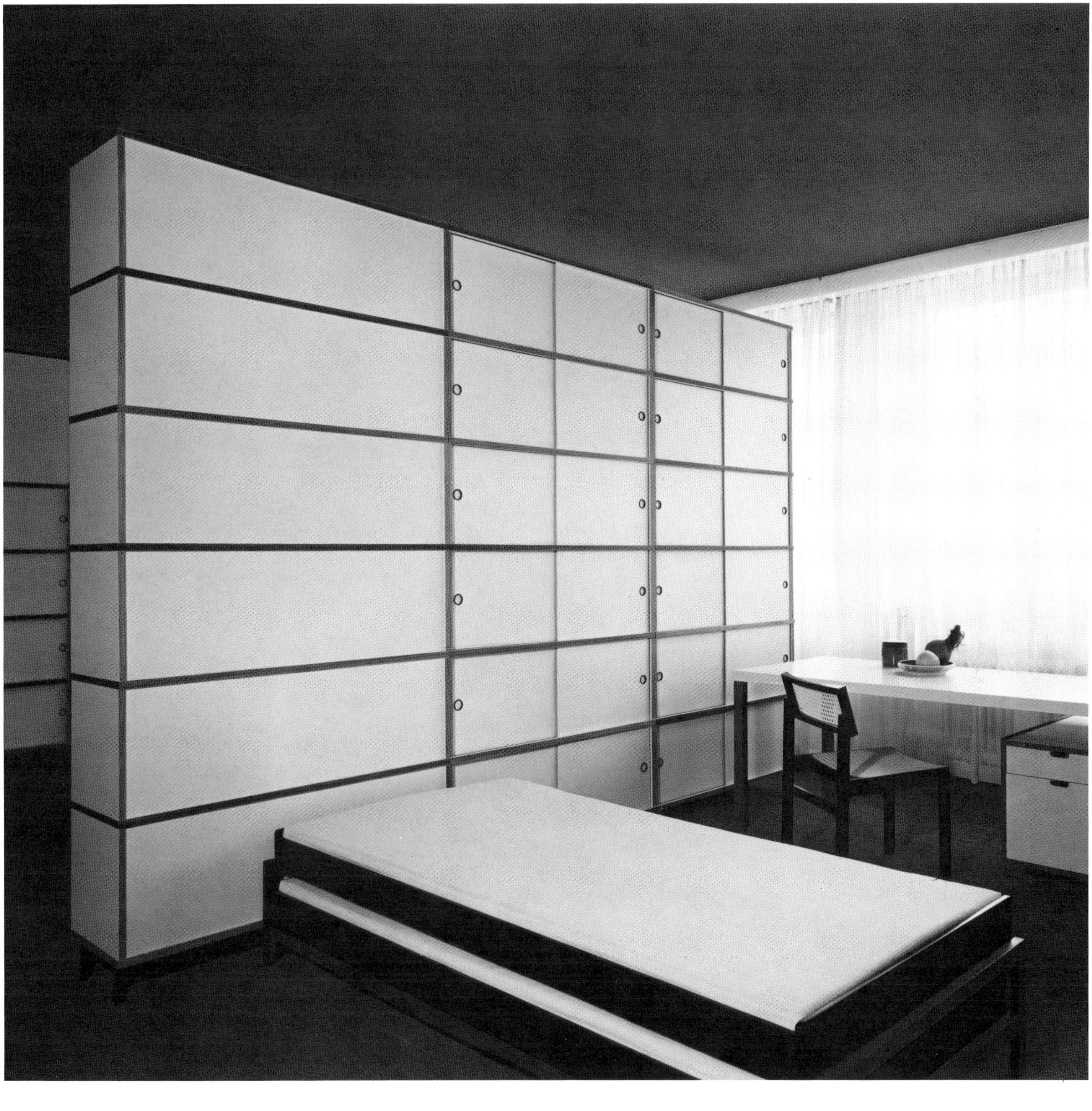

Helle Flächen und dunkle Kanten wechseln in rhythmischer Folge. Die daraus resultierende Ruhe und Klarheit vermitteln den Eindruck japanischer Einfachheit. Auch die Innenflächen der Möbel sind gleich beschichtet.

M 125 dient auch als Einbauwand oder als Äquivalent für eine gemauerte Trennwand. Türrahmen und Türen gehören zum Programm. Um die Abstände zu Decke und Boden auszugleichen, werden Blenden und Sockel mitgeliefert.

88–91

Bofinger-Faltwandschrank von Hans Gugelot, Ulm, 1964.

Die Faltwand kann auf der Vorder- und Rückseite Türen in verschiedenen Breiten haben. Holmenrahmen mit und ohne Füllungen können eingesetzt werden. Ebenso können volle Seiten und Mittelwände verwendet werden. Der Schrank kann mit Sockeln in verschiedenen Höhen aufgebaut werden. Ebenfalls variabel sind die seitlichen und oberen Blenden. Unebenheiten des Bodens sind leicht durch die Gewindestangen auszugleichen.
Der Schrank kann sowohl zwischen Boden und Decke verspannt als auch im Raum freistehend aufgebaut werden.

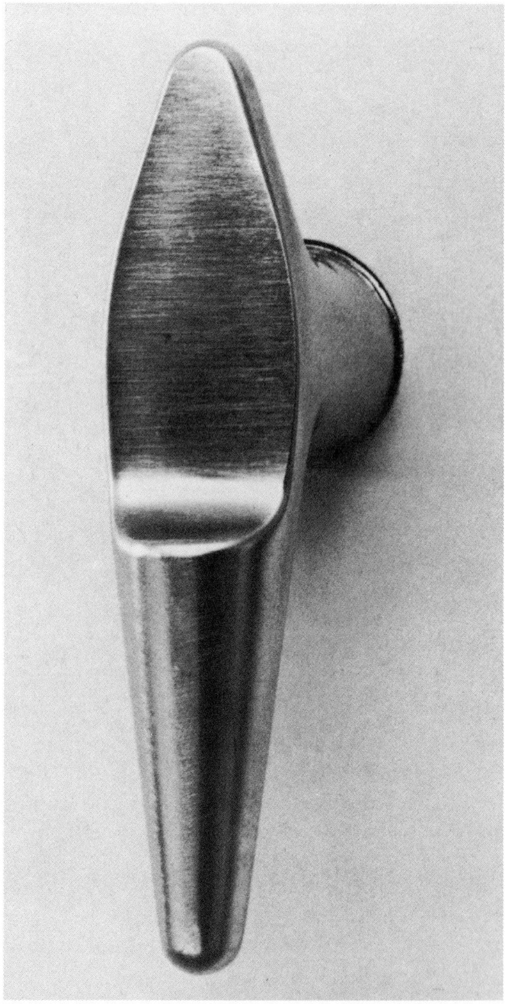

Dank Kugellagerrollen und Kunststoff-Gleitschienen lassen sich die Türen leicht öffnen. Geöffnete Türen arretieren von selbst. Eine kleine Handbewegung nach links oder nach rechts, und der größtmögliche Innenraum liegt frei zur Benützung.

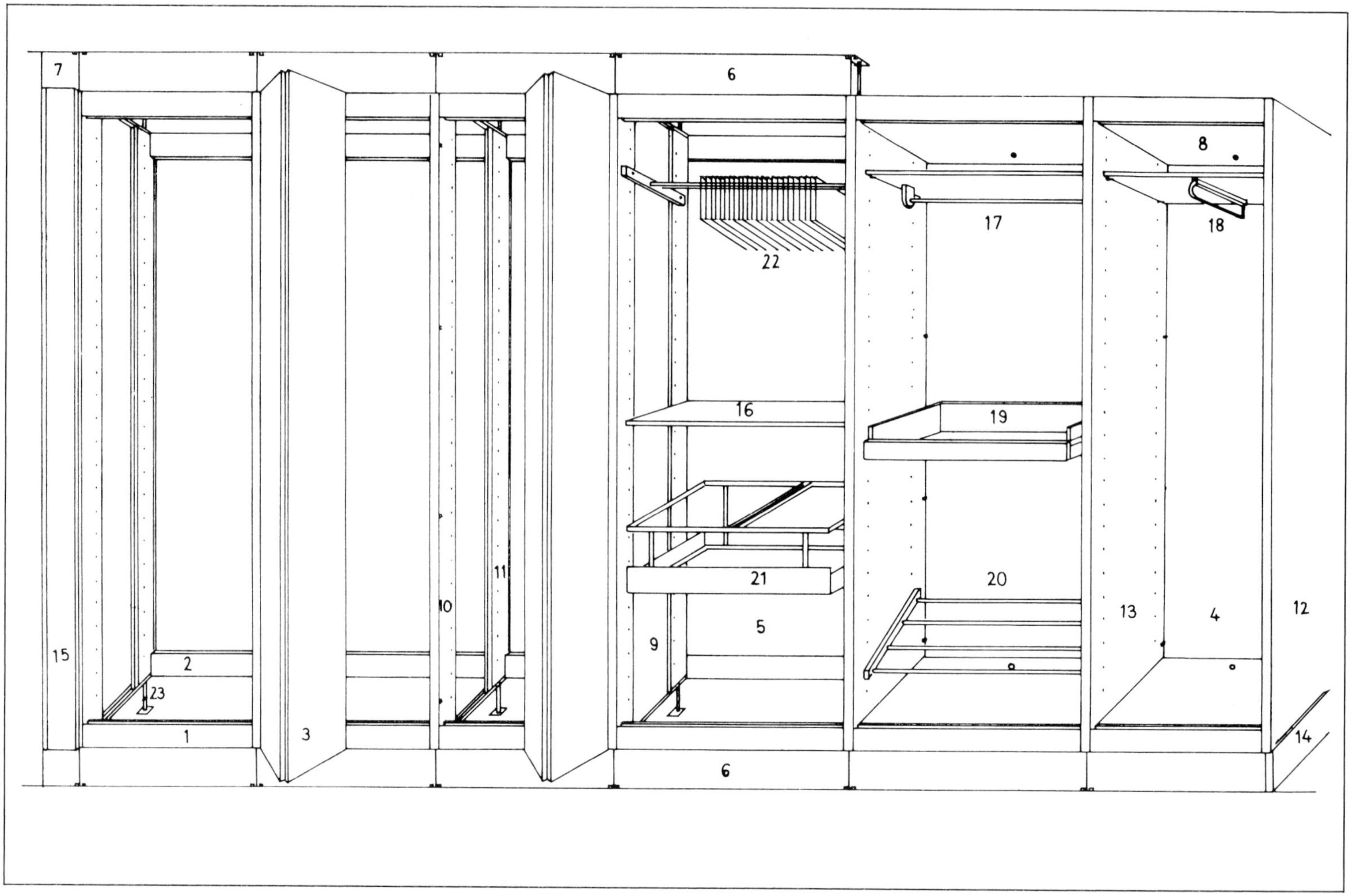

92–123

Zum Bofinger Kunststoffstuhl vom Architekturbüro Bätzner, 1966.

Statische Gesetze auch beim Stuhl.

Jemand hat einmal behauptet, Sitzen an sich sei das Unnatürlichste der Welt. Da sich die Stuhlformen zu allen Zeiten gewandelt haben, mag das ein lebendiger Beweis dafür sein, daß der Mensch den ihm gemäßen Sessel noch nicht gefunden hat.
Im Laufe der Jahrhunderte hat das Verhältnis Möbel zu Raum verschiedene Wandlungen durchgemacht. So ist zum Beispiel im gotischen Dom das Chorgestühl gewissermaßen eine Nachbildung des Gebäudes. Spitzbogen und Ornamente werden in der Gestaltung des Holzes wiederholt. Die Proportionen bleiben gleich. Der gotische Dom und das Chorgestühl sind beide aus einem Guß und in ein und demselben künstlerischen Gestaltungsprozeß entstanden. Somit ist auch das Chorgestühl Architektur.
Bei der Gestaltung eines Stuhls wenden wir gleichfalls Prinzipien der Baukunst an, denn auch der Stuhl unterliegt den Gesetzen der Statik. Man könnte dies auch umkehren und sagen: Wie der Stuhl auf seinen vier Beinen, so steht das Hochhaus auf seinen Pfeilern. So wie man im Bauwerk Skelett und Haut unterscheidet, ist es auch im Möbelbau. Auch ein Stuhl wird gebaut: Das tragende Gestell dient als Skelett, und die dazwischenliegenden Füllelemente der Sitz- und Rückenpartie stellen die Haut dar.
Raum und Möbel bilden eine Einheit, ihnen liegen gleiche Prinzipien zugrunde. Über seine Funktion hinaus soll das Möbel wie eine Plastik im Raum wirken, frei, aber doch gebunden durch die Aufgabe, die es funktionell und geistig im Raum zu erfüllen hat. In dieser Hinsicht fordern der heutige Lebensstil und die fortschrittliche Baugesinnung weniger, aber bessere Möbel. Der erste glasfaserverstärkte Kunststoffstuhl aus Polyester für Innen- und Außenräume erhebt den Anspruch, freie Plastik zu sein, was durch die abgekanteten Wulste der Sitzfläche und die winkelförmigen Verstärkungen der Fußteile zum Ausdruck kommt.

93–108
Vorspann zum Bofinger-Stuhl aus Polyester.

93
Würde des Sitzens.

Alhambra, die Burg über Granada, 13. und 14. Jahrhundert.
Die maurischen Könige bauten prachtvolle Säle, Innenhöfe mit Säulenhallen, Gärten, Brunnen und Wasserbecken.
Alhambra, Löwenhof. Gotischer Faltstuhl; die würdige Gestalt des rechten Sitzes.

94–95
Sitzformen früherer Zeiten.

Bauernhaus aus dem Norsk Folkemuseet, Oslo.
Das frühere Karterud-Haus aus Austmarka in Vinger/Norwegen.
Dreibeinstuhl, Sandvigke Samlinger Maihaugen, Lillehammer/Norwegen.
Der konstruktive Ausdruck ist Maßstab der Qualität.

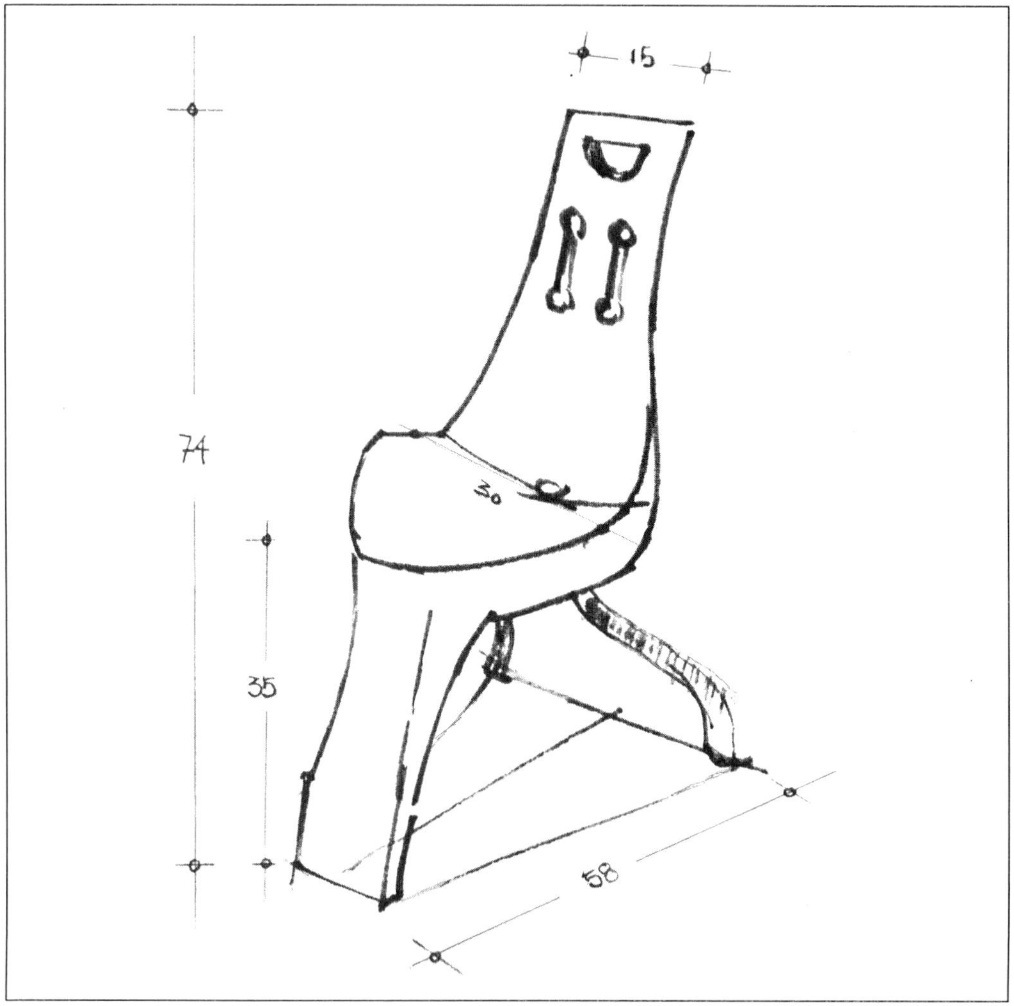

Holzkirche in Keuruu/Finnland, 18. Jahrhundert.
Intakte Vergangenheit = gesunde Gegenwart.
Sitzform aus dem Nationalmuseum in Helsinki.
Natur und Sitzform sind eins. Ausnützung von natürlichen Materialien.

96–97
Übereinstimmung von Gegenstand und Umwelt.

Museum des Dorfes, Bukarest.
Ländlich-heimischer Bautyp, ein auf klaren Ordnungsprinzipien aufgebautes Maßwerk.
Sessel aus dem Museum des Dorfes in Bukarest.
Eigenwillige Gestalt von erstaunlicher Schönheit und Zweckmäßigkeit, so einfach und selbstverständlich, wie von der Natur geschaffen.

Leninpark außerhalb von Havanna/Kuba, seit 1972.
Die gekonnt geschaffene Beziehung zwischen Architektur und Landschaftsgestaltung setzt in der heutigen Zeit den stärksten Akzent.
Sessel im Leninpark.
Gebogene Rundeisenteile mit Pflanzenmotiven bilden das Skelett des Sessels.

98–99
Vom Kunsthandwerk zur funktionellen Architektur.

Josef Hoffmann (1870–1956): Palais Adolphe Stoclet in Brüssel, 1905.
Reichtum und Raffinement als Ganzes: von der Architektur zum Innenräumlichen.
Josef Hoffmann: Stuhl für das Sanatorium in Purkersdorf, 1903.
Ein Produkt der »neuen« kulturellen Avantgarde.

Georges Chédanne (1861–1940): Zeitungshaus »Le Parisien« in Paris, 1903.
Sichtbares Stahlgerüst, auf Zweckmäßigkeit ausgerichtet.
Gartenstuhl, Frankreich, um 1870.
Gewerblich hergestellter Stuhl. Sinnvolle Anwendung der Metallbänder als Federung. Je zwei Rundeisenstäbe des Rahmens bilden einen Fuß.

100–101
Einheit von Konstruktion und Gestalt.

Marcel Breuer (1902–1980), Pier Luigi Nervi (1891–1979), Bernard H. Zehrfuss (*1911): Unesco-Gebäude, Paris, 1953–1957.
Die Überdachung des Konferenzgebäudes besteht aus einem Faltwerk aus Stahlbeton. Konstruktion und Form stimmen überein und bilden einen Raum von erregender Modernität.
Schule für Gestaltung, Zürich: Papiermöbel aus der Klasse für Innenarchitektur und Produktgestaltung, 1968–1970 (links und rechts).
Möbel für improvisierte Einrichtungen.
Hocker aus beidseitig beschichtetem Wellkarton von Thomas Trachtel.
Aus einer einzigen, auf das flächige Material übertragenen Abwicklung von 150 × 100 cm wird ein fertiger Hocker durch Einschneiden und Falten.

Kartonstuhl von Paul Sollberger.
Die nasse, weiche Kartonmasse wird über eine gestaltete Negativform gelegt und bildet nach dem Trocknen ein statisch stabiles Sitzmöbel.

102–103
Muschelform als Ideenträger.

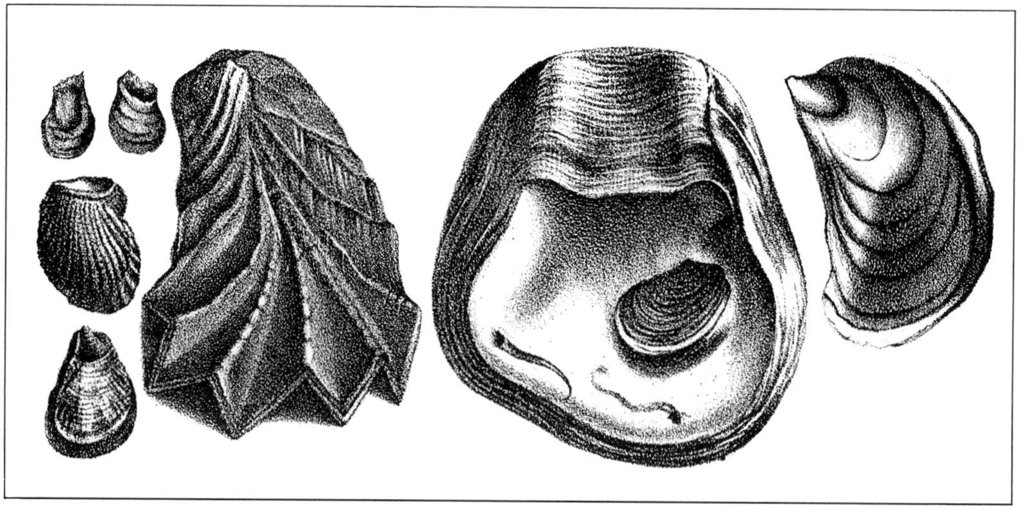

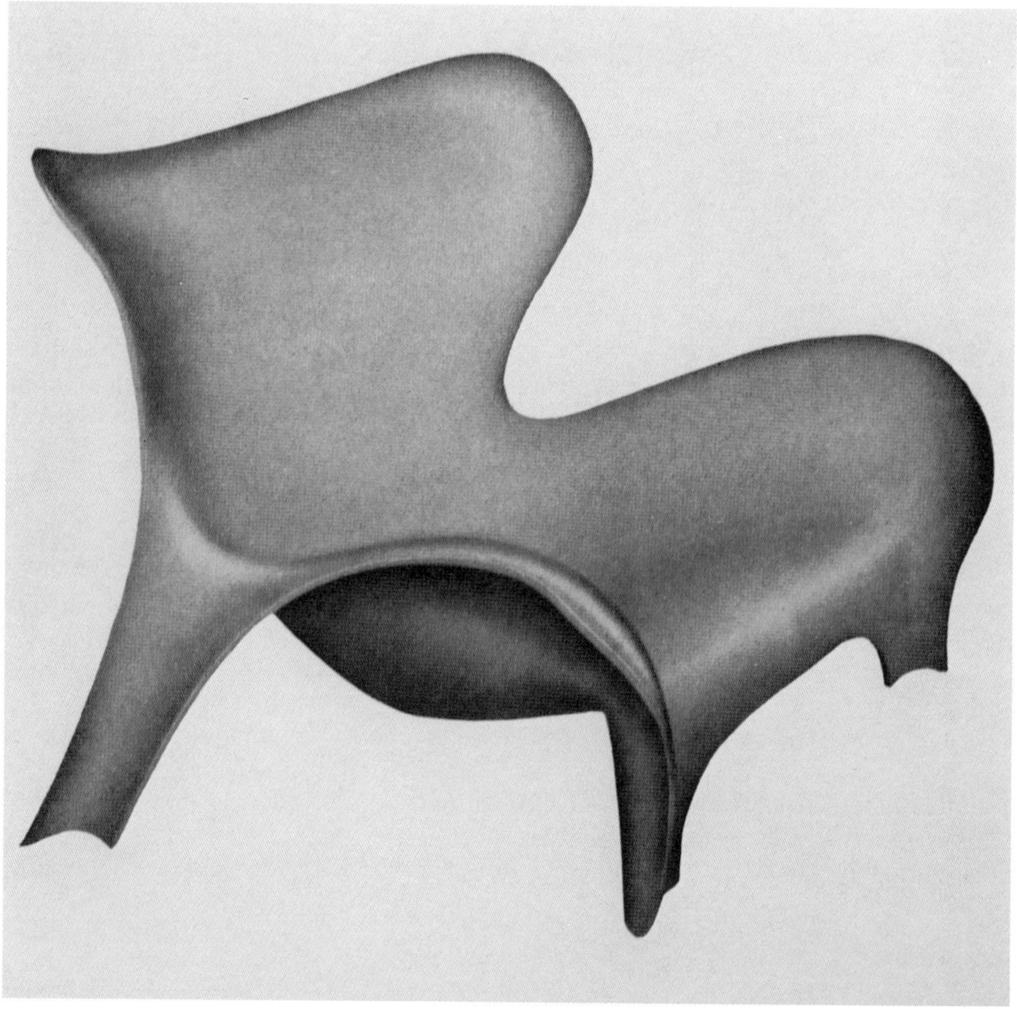

Muscheln aus dem Dogger (oben links und rechts).
Robert E. Lewis, James L. Prestini: Armour Research Foundation, Chicago, Low Cost Furniture Design Competition, Museum of Modern Art, NewYork, 1948.
Die Muschel als Ideenträger. Schalenstuhl aus Kunststoff.

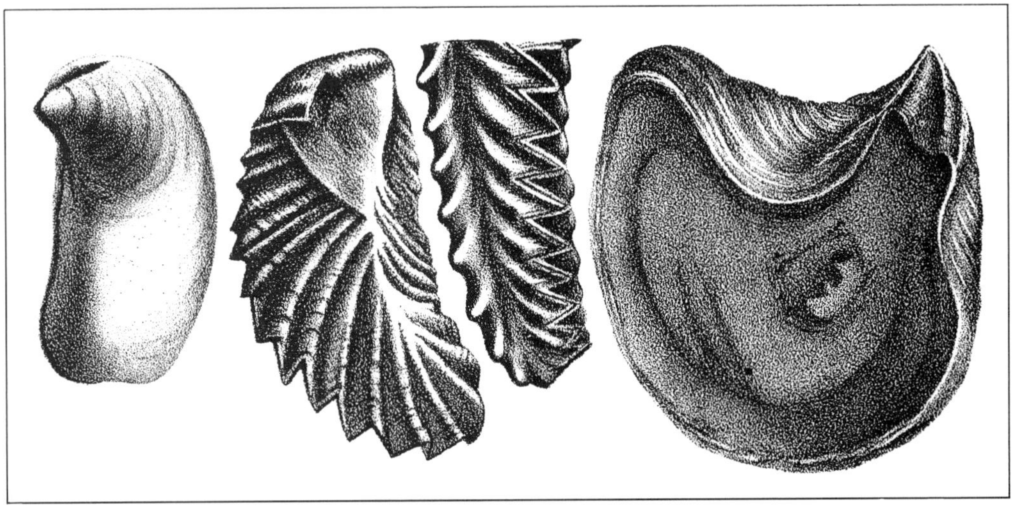

Ludwig Mies van der Rohe (1886–1969): Entwurf einer Sitzform, 1946.
Die Skizze läßt Plastizität durch Verstärkung des Materials an kritischen Punkten erkennen.

104–105
Modulare Grundidee.

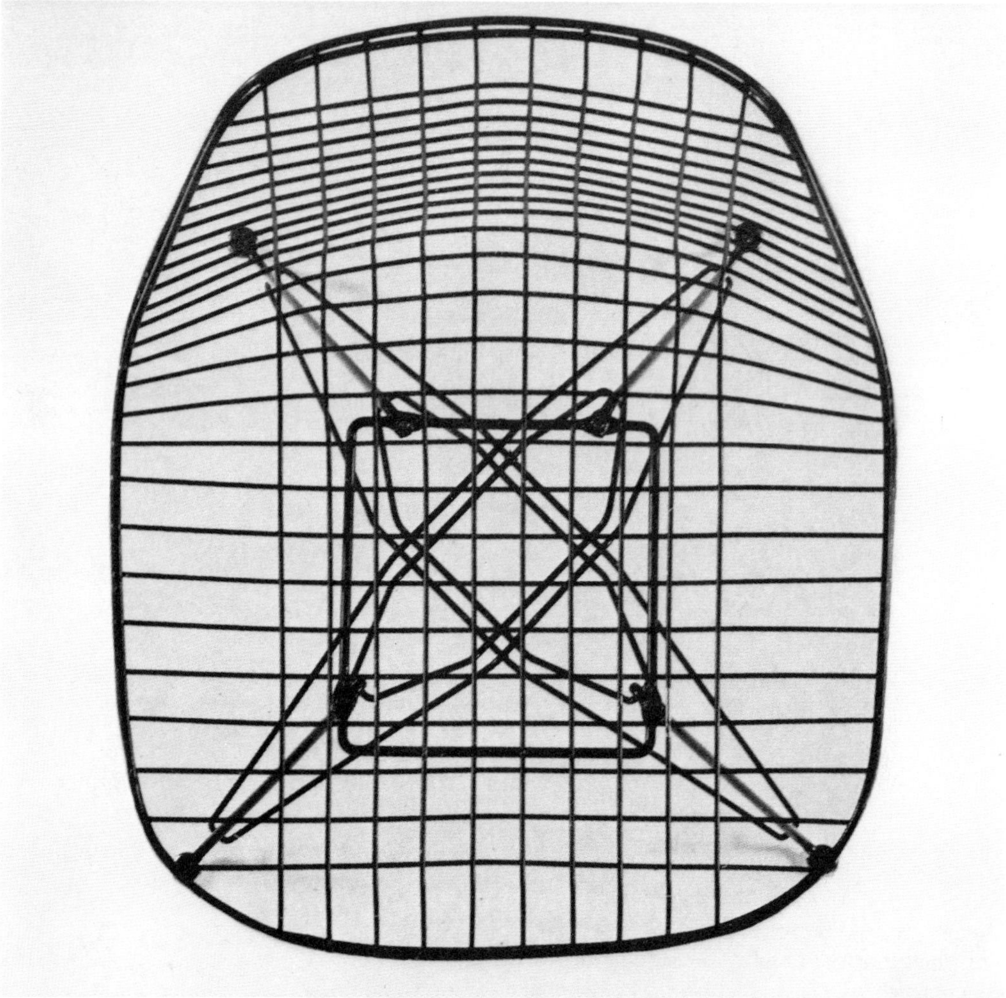

Charles Eames (1907–1978): eigenes Haus in Venice bei Santa Monica/Kalifornien, 1949. Das Bauwerk besteht aus einem dünnen Stahlskelett mit Standard-Stahlfenstern. Die einzelnen Felder werden mit dünnen, buntfarbenen Elementen ausgefüllt. Wie ein japanisches Haus kann das Gebäude beliebig geöffnet, geschlossen, erweitert und verkleinert werden.
Charles Eames: Drahtstuhl, 1951.
Die Idee vom Drahtstuhl wurde vom Bildhauer und Designer Harry Bertoia aufgegriffen.

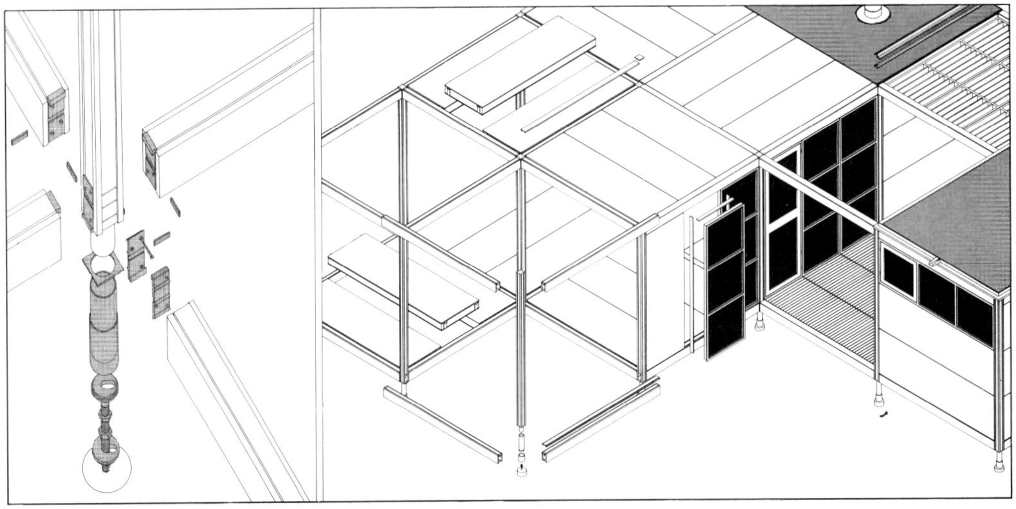

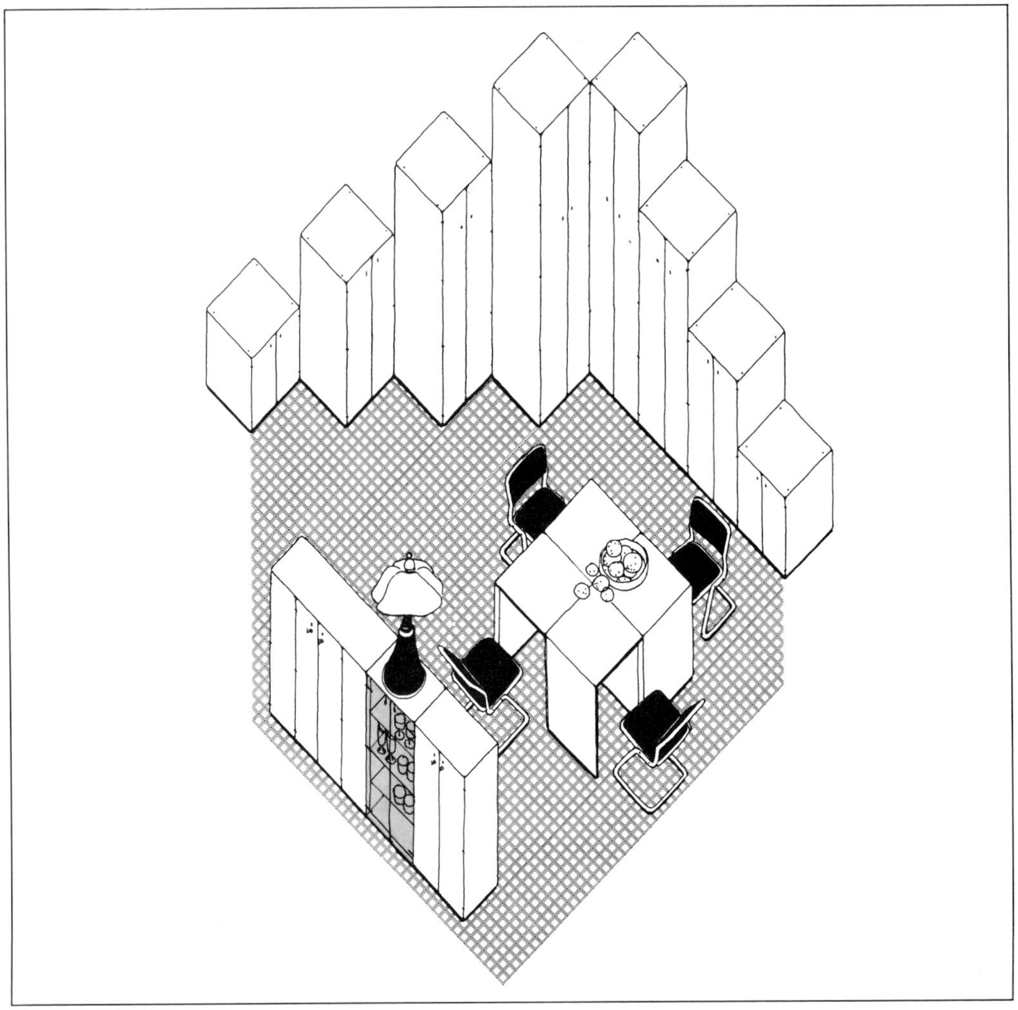

Kristian Gullichsen, Juhani Pallasmaa: System »Moduli« für Ferienhäuser, 1969 (Helsinki). Moduli ist aus Kuben von 225 × 225 × 225 cm gebildet. An die Seiten der Kuben werden Dach-, Boden- und Wandelemente von 75 × 225 cm angeschlagen.
Herbert Ohl: Multipli-Casa, Wohnelemente, etwa 1978.
Entwicklung aus einer modularen Grundidee. Für ein Appartement wird alles aus einem System gebaut.

106–107
Intuitive Gestalt.

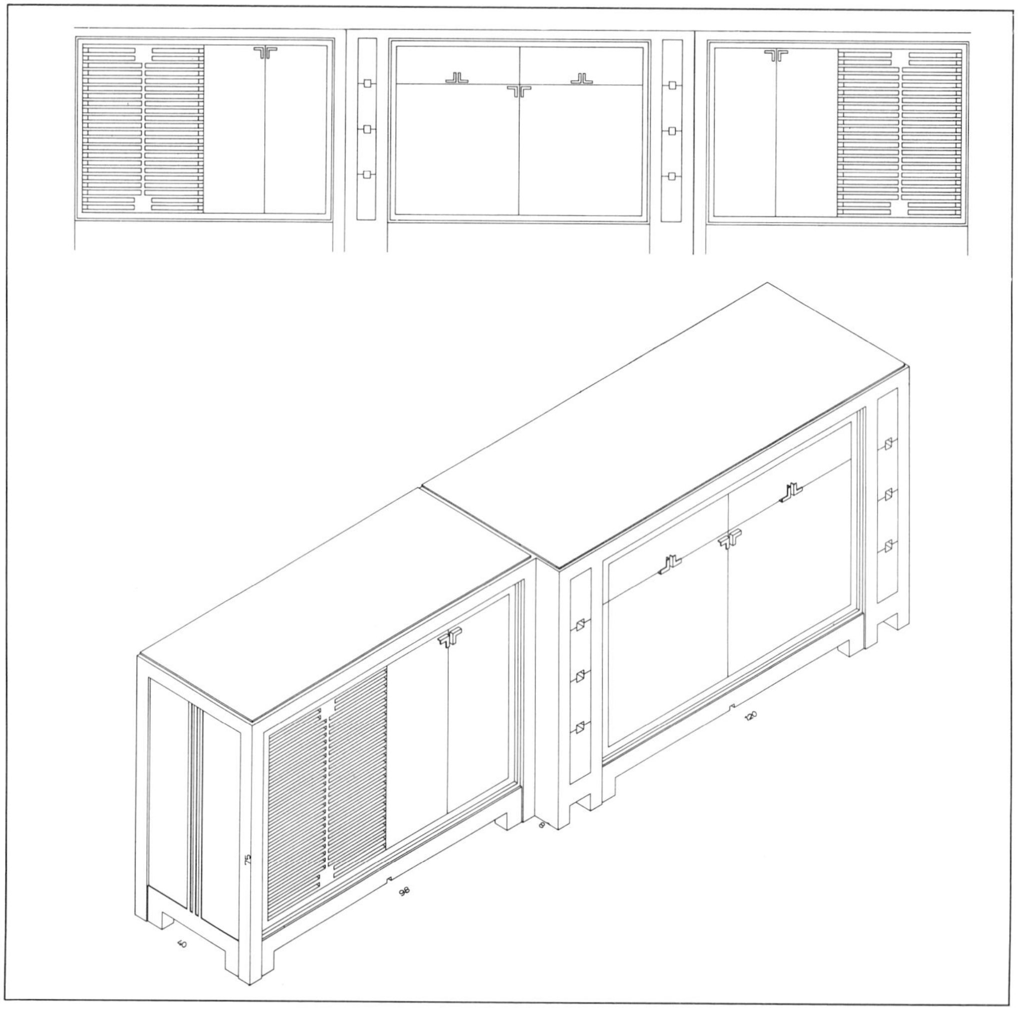

Livio Vacchini: Primarschule in Locarno-Saleggi, 1972–1979.
Rückbezüge zur Klausur.
Livio Vacchini: Entwurf mit Möbeln für das Haus des Architekten, schlicht-kostbares Design, 1978.

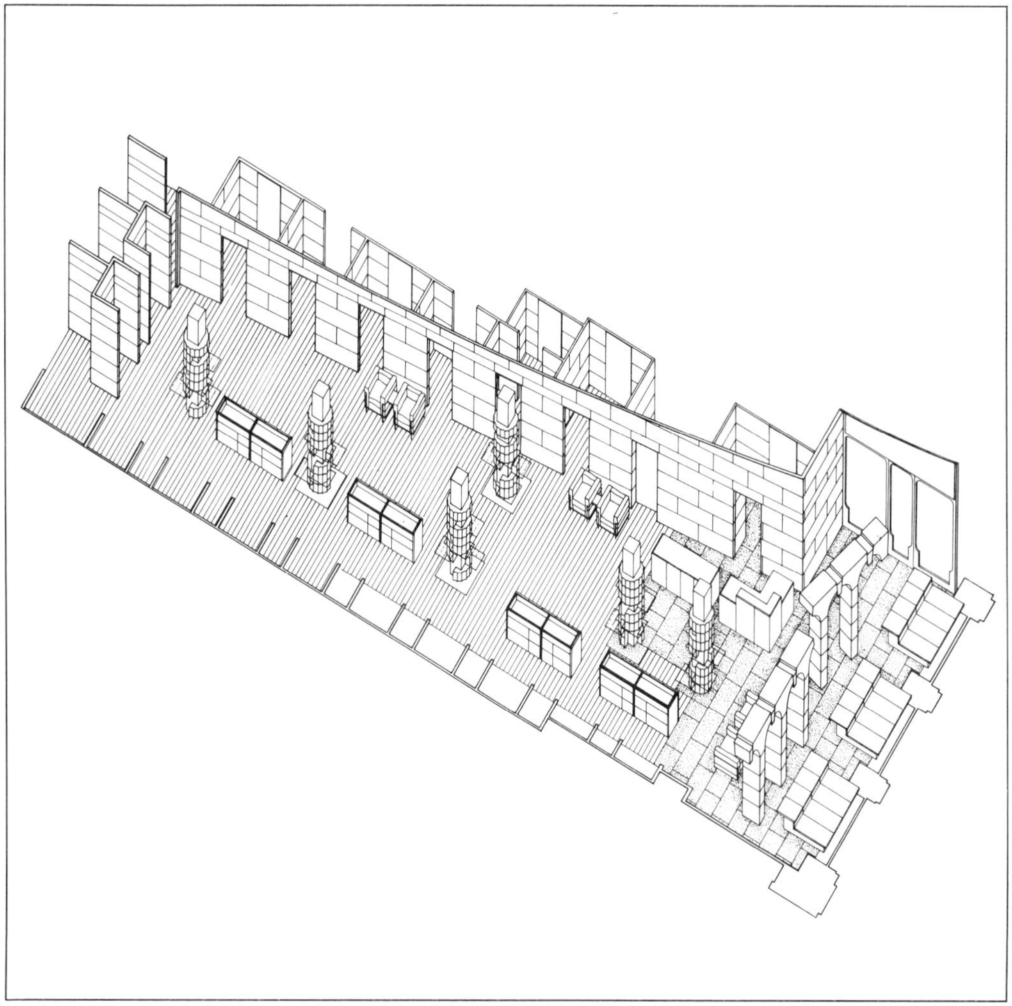

Helmut Jahn: State of Illinois Center, Chicago, 1979–1984.
Die Mittelzone des Raumes ist außen und innen ablesbar.
Robert und Trix Haussmann: Herrenmodegeschäft an der Bahnhofstraße in Zürich, um 1980.
Elemente mit Spiegeln betonen die manieristische Tendenz im Sinne des »Manierismo critico«.

108
Dynamik und Statik.

Myron Goldsmith: Ruck-A-Chucky, Hängebrücke in Colorado, Projekt, 1976. Dynamik und Statik im Netzgewebe der sich kreuzenden Kabel.
Elsi Giauque: textiles Gestalten aus Fäden und Fasern.

109–123

Bofinger-Kunststoffstuhl vom Architekturbüro Bätzner, Karlsruhe, 1964.

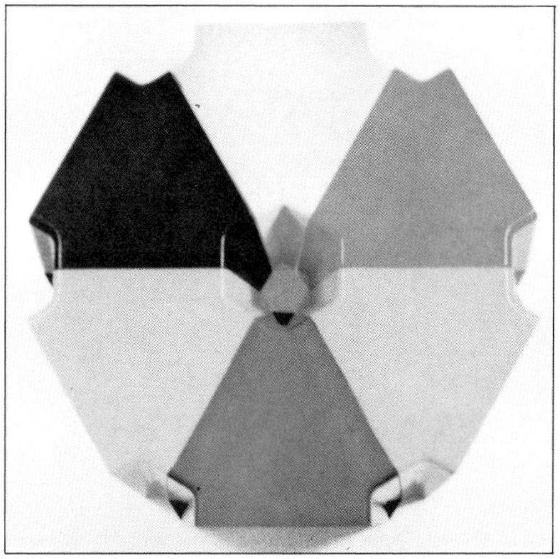

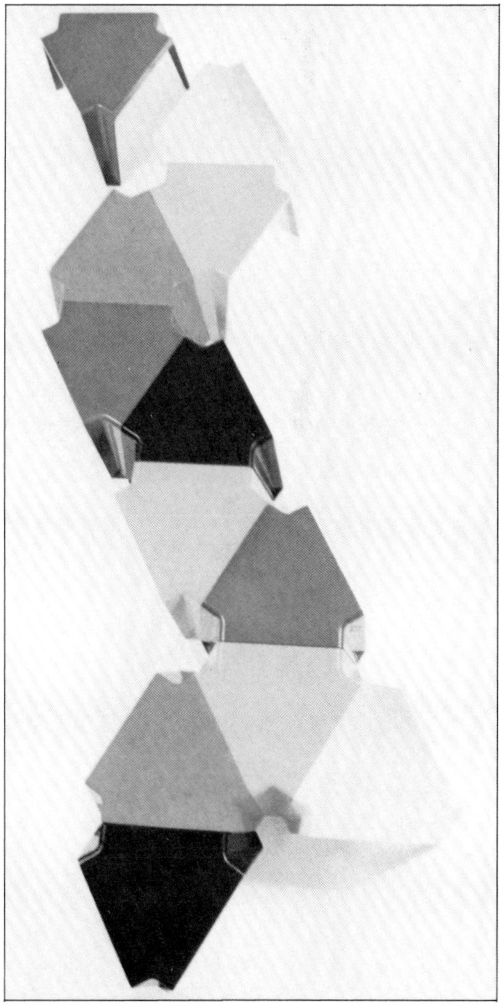

Im Zusammenhang mit dem Planungsauftrag für einen Theaterneubau stellte sich das Architekturbüro Bätzner die Aufgabe, das Problem der Bestuhlung von Experimentierbühne, Foyer, Café, Kantine und Terrasse zu lösen und dafür ein geeignetes Modell zu entwickeln. Aus der vielseitigen Verwendung im Innenraum und im Freien, als Einzelstuhl, für Gruppen- und Reihenbestuhlung ergaben sich folgende Forderungen: möglichst leicht – leicht beweglich, stapelbar, koppelbar, wetterbeständig. Deshalb fiel die Materialwahl auf glasfaserverstärktes Polyester.
Über die Entwicklung des hier gezeigten Modells berichtet Bätzner folgendes:
Nach Vorstellungsskizzen wurden Gipsmodelle 1:5 und 1:1 geschaffen und dabei Sitzform und Möglichkeiten für Stapelung und Reihung untersucht. Von diesen Gipsmodellen wurden die ersten, mit einer einfachen Glasfasermatte verstärkten Polyesterschalen abgegossen und an ihnen durch Deformation die statischen Eigenschaften ermittelt.
Nach der entsprechend verbesserten Form wurde ein Grundmodell aus eingefärbtem Gußharz gefertigt und mit zwei Schichten Glasfasermatten 450 g/m^2 verstärkt, Schalenstärke 4 mm, Gewicht 5 kg. Versuche mit diesen Modellen führten zu weiteren Verbesserungen und zur endgültigen Maßfestlegung.
Von einer Polyesterform wurde der Prototyp abgenommen, der als Diskussionsgrundlage zur Festlegung der Bedingungen für die Serienproduktion diente. Man entschied sich für ein Preßverfahren für die Herstellung mit einem Arbeitstakt von etwa acht bis zehn Minuten.

Bofinger-Stuhl	Breite	53 cm
	Höhe	75 cm
	Sitzhöhe	44 cm
Bofinger-Tisch	Platte	85×85 cm
	Beine	72 cm
Multi-Set	Seitenlänge	40 cm
	Höhe	38 cm
Gewicht	Bofinger-Stuhl	ca. 4,5 kg
	Bofinger-Tisch	ca. 15 kg
	Multi-Set	2,3 kg

Rudolf Baresel-Bofinger sagt über den fertigen Stuhl, der weltweit das erste Polyesterharzprodukt in Serie (aus einem Guß) war: »Er ist sehr strapazierfähig und wetterfest und wird in den Standardfarben Weiß, Gelb, Schwarz, Rot, Blau und Grün gefertigt.«
Nicht die Oberfläche des fertigen Stuhls erhält einen Farbauftrag, sondern das Polyesterharz wird vor der Pressung eingefärbt. Beim Stapeln lassen sich auf einem Quadratmeter 80 und mehr Stühle unterbringen, beim mühelosen Aneinanderkoppeln erzielt man unverrückbare Stuhlreihen. Daß Polyesterharz kleine Unebenheiten des Bodens ausgleicht, wirkt sich bei der Benützung des Bofinger-Stuhls im Freien besonders angenehm aus.

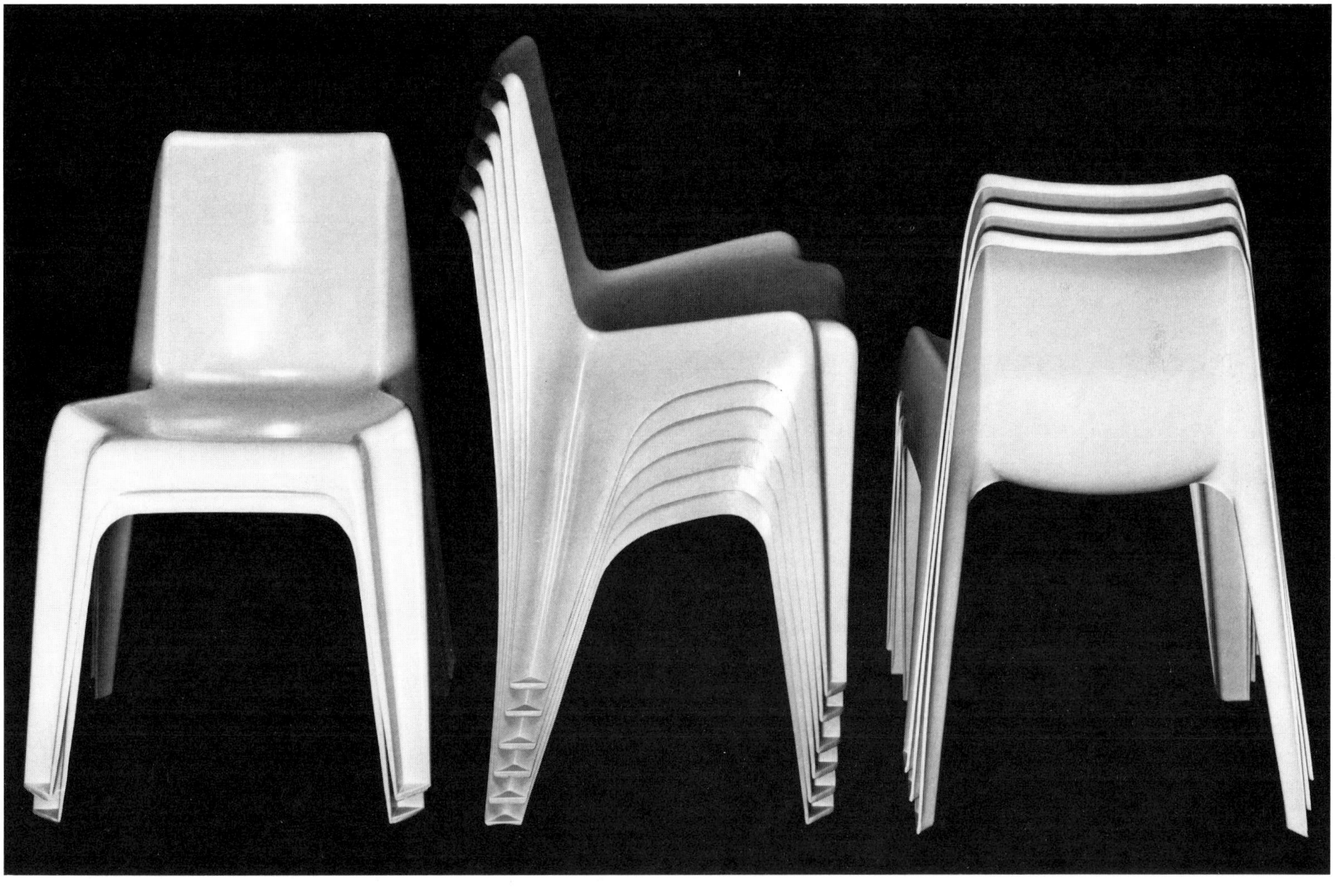

Bundeskanzler Ludwig Erhard, der Industrielle Philipp Rosenthal und der Architekt und Pädagoge Walter Gropius anläßlich der Verleihung des Rosenthal-Studio-Preises, 1966.

Die Staatliche Materialprüfungsanstalt an der Technischen Hochschule Stuttgart prüfte den Bofinger-Stuhl auf Belastung (Werte von 246 kp bis 342 kp), auf Verdrehung (Werte von 16 mkp bis 22 mkp) und führte Fallversuche (Werte von 30 cm bis 50 cm) durch. Bofinger-Kunststoffmöbel sind im normalen Gebrauch säure-, witterungs- und korrosionsbeständig. Das glasfaserverstärkte Polyesterharz ermüdet nicht und ist so elastisch, daß es Unebenheiten des Bodens ausgleicht.

Die Standardfarben sind Weiß, Gelb, Rot, Blau und Schwarz. Alle fünf Farben haben bei der Prüfung durch das Süddeutsche Kunststoff-Zentrum, Würzburg, die höchste Farbechtheitsstufe erreicht, nämlich i) nach DIN 53388.

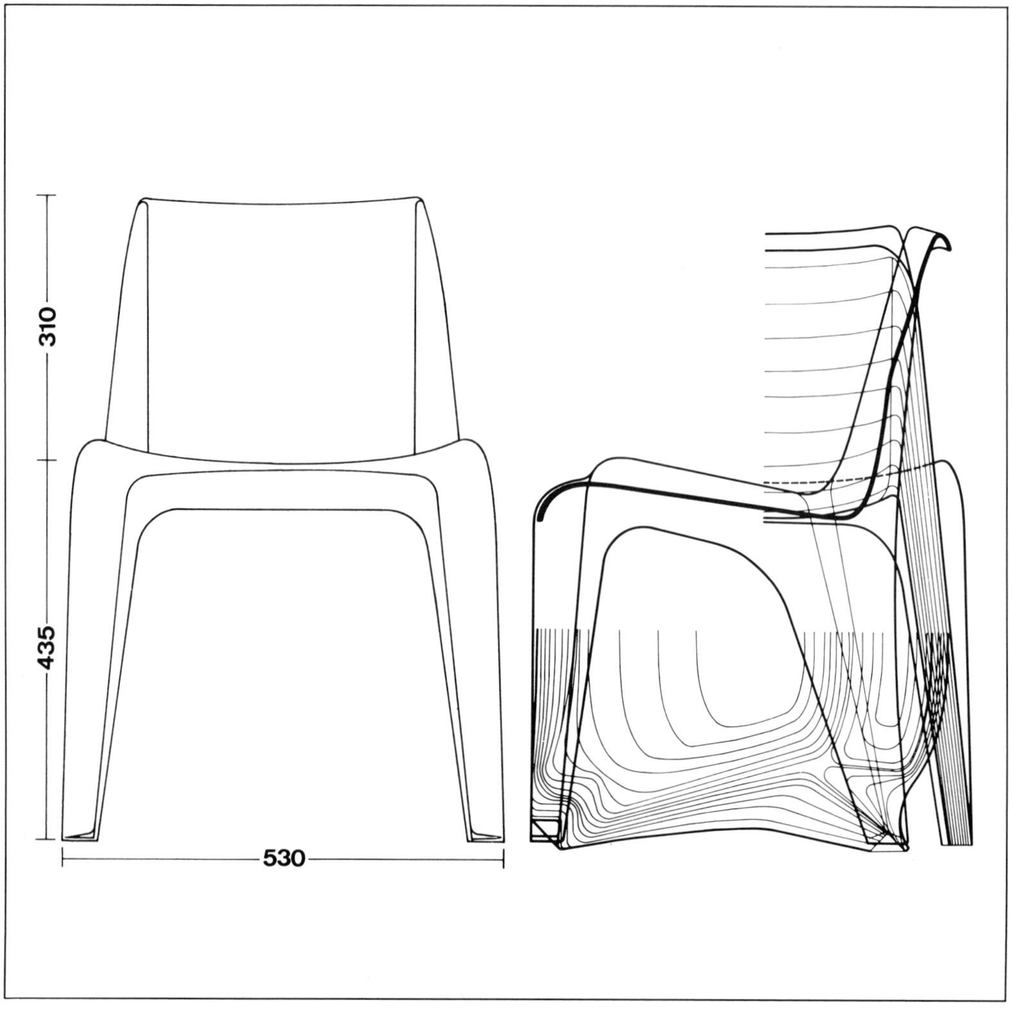

Bofinger-Stuhl, Architekturbüro Bätzner. Bofinger-Tisch und Multi-Set, Entwicklungsabteilung der Bofinger-Produktion, Mehnert und Valenta.
80 Bofinger-Stühle lassen sich auf einem Quadratmeter stapeln. Mindestens 30 Multi-Sets können übereinandergesetzt werden. Auch der Bofinger-Tisch ist stapelbar.

Verstärkter Kunststoff hat verstärkte Chancen durch Glasfaser. Neue Technik und neuer Lebensstil verlangen neue Werkstoffe und neue Kombinationen. Im Verbundwerkstoff Glasfaser/Kunststoff (GFK) sind Eigenschaften vereint, die sonst nicht zusammentreffen. Denn ähnlich wie Stahl den Beton, so verstärkt Textilglas den Kunststoff, schafft ein neues Ganzes: GFK – Glasfaser/Kunststoff. Bofinger-Stühle sind überall, auch in Garten und Park, verwendbar.

122–123

Bofinger-Stuhl als Kunstobjekt, 1971.

Das sind neun von zwölf Objekten einer Aktion, mit der Bofinger in Berlin von sich reden machte: Zusammen mit der Galerie Block und dem Einrichtungshaus Modus Möbel ließ er seinen Kunststoffstuhl von zwölf Künstlern künstlerisch verfremden. Beuys, Brehmer, Dietrich, Hödicke, Polke, Rot, Rühm, Schmit, Uecker, Vostell, Weh und Wewerka haben sich beteiligt, jeder auf seine Art: Vostell betonierte, Weh siebte, Uecker nagelte, alle unter dem Motto: »Bilder als Möbel, Möbel als Bilder«. Das Serienprodukt als Kunstobjekt aus der Sicht von zwölf Progressiven – spielerische Provokation anstelle von verschönernder Ästhetik.

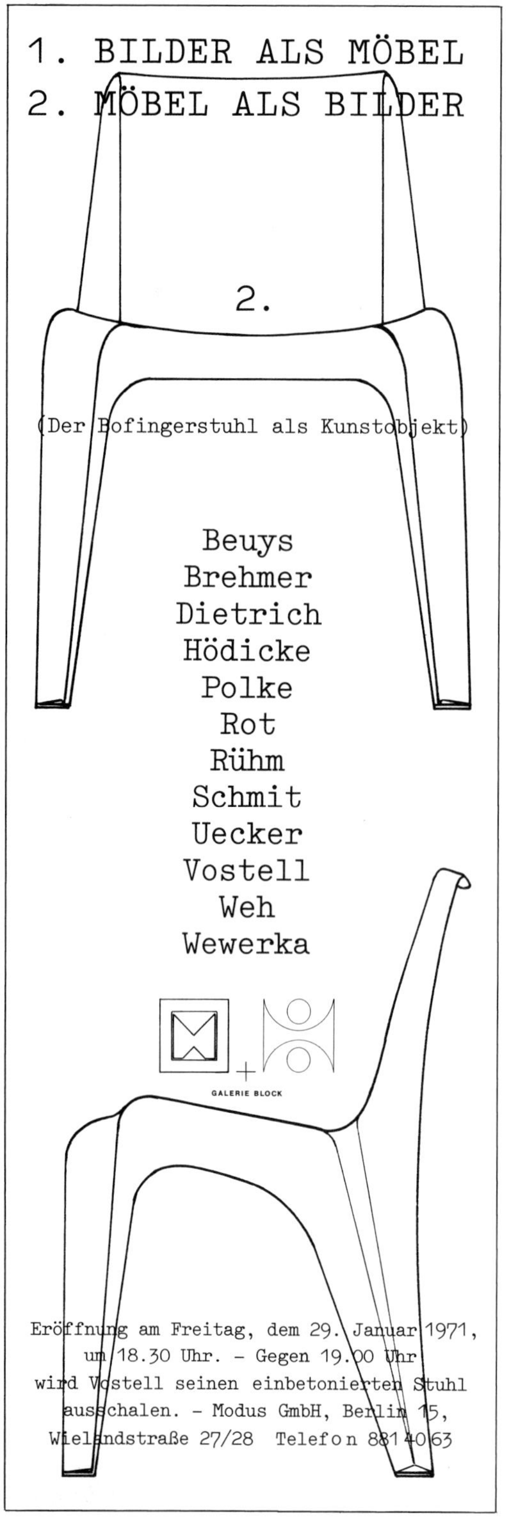
1. BILDER ALS MÖBEL
2. MÖBEL ALS BILDER
2.
(Der Bofingerstuhl als Kunstobjekt)
Beuys
Brehmer
Dietrich
Hödicke
Polke
Rot
Rühm
Schmit
Uecker
Vostell
Weh
Wewerka
GALERIE BLOCK
Eröffnung am Freitag, dem 29. Januar 1971,
um 18.30 Uhr. - Gegen 19.00 Uhr
wird Vostell seinen einbetonierten Stuhl
ausschalen. - Modus GmbH, Berlin 15,
Wielandstraße 27/28 Telefon 881 40 63

Ein Stuhl sitzt Modell.
Neun Künstler schufen in Berlin aus gleichen Bofinger-Kunststoffstühlen Stuhlkunstobjekte:
1 Weh, 2 Vostell, 3 Hödicke, 4 Schmit, 5 Polke, 6 Uecker, 7 Beuys, 8 Brehmer, 9 Dietrich
(Fotos von Marlene Schnelle-Schneyder).

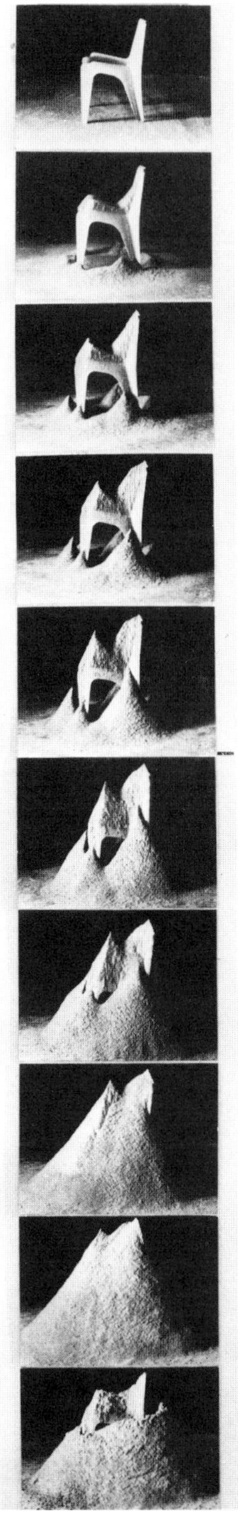

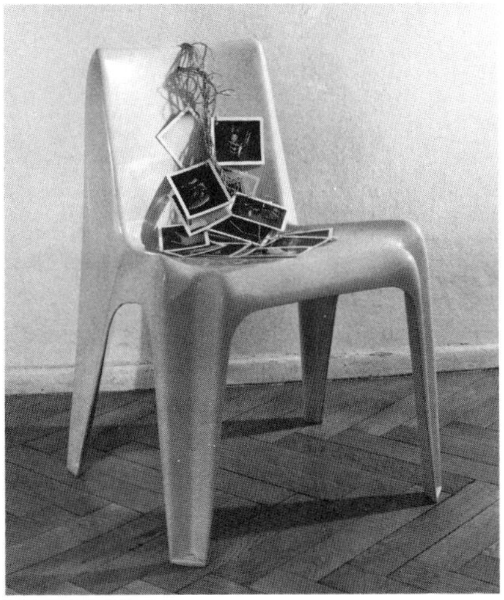

LANDSCHAFT 3
DEUTSCHER WALD
BUCHE
EICHE
FICHTE

124–152

Zum Bofinger-Sessel von Mehnert und Valenta, Entwicklungsabteilung der Bofinger-Produktion, 1973.

Sich im Sessel »zurechtbequemen«.

Die Sitzgelegenheiten unserer Zeit verheißen dem Benützer höchste Bequemlichkeit. Ihre Formen entsprechen den Körperkonturen, die Sitzform schmiegt sich den Körperrundungen an. »Je naturgetreuer der Abguß des menschlichen Körpers, um so größer die Bequemlichkeit«, lautet der Grundsatz der modernen Innenarchitektur. Und in der Tat, setzt man sich in eines dieser modernen Sitzgeräte, so ist man von dessen einmaliger Bequemlichkeit überzeugt. Sitzt man indessen längere Zeit in einer solchen Sitzwanne, so verspürt man sehr bald das Bedürfnis, die Sitzstellung zu verändern. Diese Tatsache ist physiologisch leicht zu erklären.
Vor allem der Ferne Osten lehrt uns die Weisheit des Sitzens. Das Sitzen wird dort nicht als eine rein körperliche Angelegenheit, sondern als eine von Leib, Seele und Geist betrachtet. Man ruht im Sitzen in sich selbst. Der Körper ruht in der Regel in zuchtvoller Stellung auf dem Boden. Die Sitzfläche ist also nicht begrenzt. Die Haltung wird kaum verändert. Der Körper ist dabei so entspannt, daß eine Lehne unnötig wird. Der Körper und die Seele ruhen in sich selbst. Diese Ruhe ist höchste Konzentration und größte Entspannung in einem.
Natürlich hat der abendländische Mensch eine andere Mentalität als der morgenländische. Uns ist die Einheit von Leiblichem und Geistigem nicht so selbstverständlich. Doch der Tatsache der Wechselbeziehung dieser beiden ist auch der Abendländer unterworfen. Das Geistige manifestiert sich im Körperlichen, im Materiellen, also auch in der Art, wie man Dinge und Gegenstände benützt, ja in den Gegenständen und Dingen selbst. Umgekehrt wirken die Art und Weise des Gebrauchs und die äußere Gestalt der Gegenstände wiederum auf den Geist. Die heutige Bequemlichkeit verhindert darum das ruhige Sitzen. Die Würde des Sitzens, an welche die heutige Sprache noch mit dem Wort »gesetzt« erinnert, ist uns verlorengegangen. Sitzen ist etwas Form- und Gesetzloses geworden. Man muß sich in den heutigen Sitzgelegenheiten immer wieder neu in die günstigste Lage »zurechtbequemen«, damit sie auf die Dauer bequem bleiben. Diese Sitzweise erlaubt einem nicht mehr, sich leiblich und geistig zu erholen. Daß Leibliches und Seelisches direkt zusammenhängen, weiß jedermann: Man kann es an der Frage nach dem richtigen Sitzen beobachten.
Der Bofinger-Sessel zeigt Ansätze in dieser Richtung. Er erhebt zwar nicht den Anspruch, die geistigen Bereiche des heutigen Menschen zu beeinflussen. Er ist jedoch ein Versuch, diesen Menschen an das Notwendige zu erinnern, an die Rückwirkungen von falschem Komfort auf das Geistige und an die Möglichkeit, durch den winzigen Bereich des Sitzens zur Schaffung einer echten Lebenskultur beizutragen.

125–140
Vorspann zum Bofinger-Sessel.

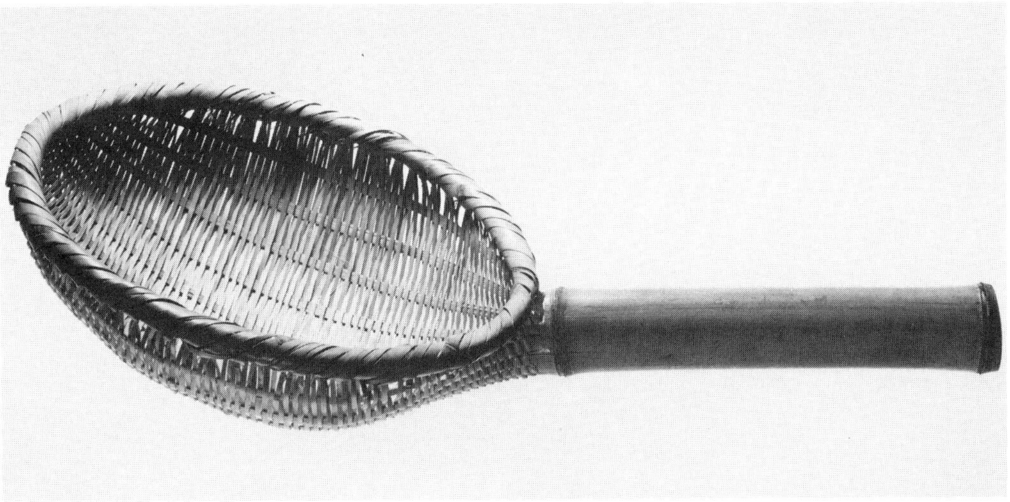

Handwerkszeug – heute noch benützt.

Werkzeuge, in denen die Handhabung deutlich zu erkennen ist, jedes mit seinem charakteristischen Ausdruck.
Reisschöpfer aus Bambus, Japan.
Fingerartig auseinandergespreizte Bambusspäne ergeben eine Schalenform.
Feilenhauerhammer, Deutschland.
Hammer, aus dem Handgelenk geführt. Der krumme Stiel rührt von der Hubbewegung her.

126–127
Ästhetische Gliederung im konstruktiven System.

Yu-yuan (Mandarinsgarten), Schanghai, 1537 n. Chr.
Geschwungene Dachformen in gewachsener Landschaft.
Sessel aus der Ming-Zeit.
In der Holzgliederung Parallelen zur holländischen »De-Stijl-Gruppe«.

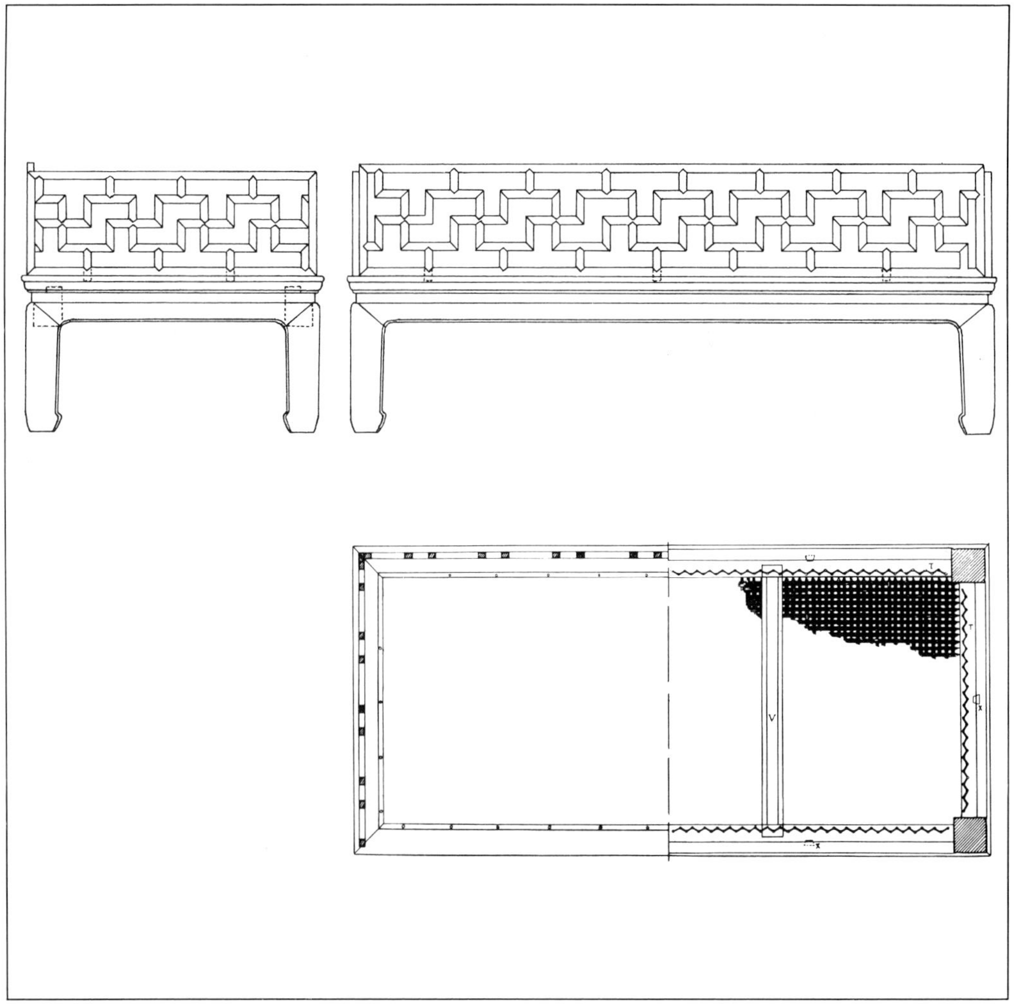

Holzdruck aus der Ming-Dynastie.
Ausführung aus der Handdruckerei Jung-pao-chai, Peking.
Chinesische Couch.
Mäandermotiv, rechtwinklig gebrochene Form in den Rücken- und Seitenpartien.

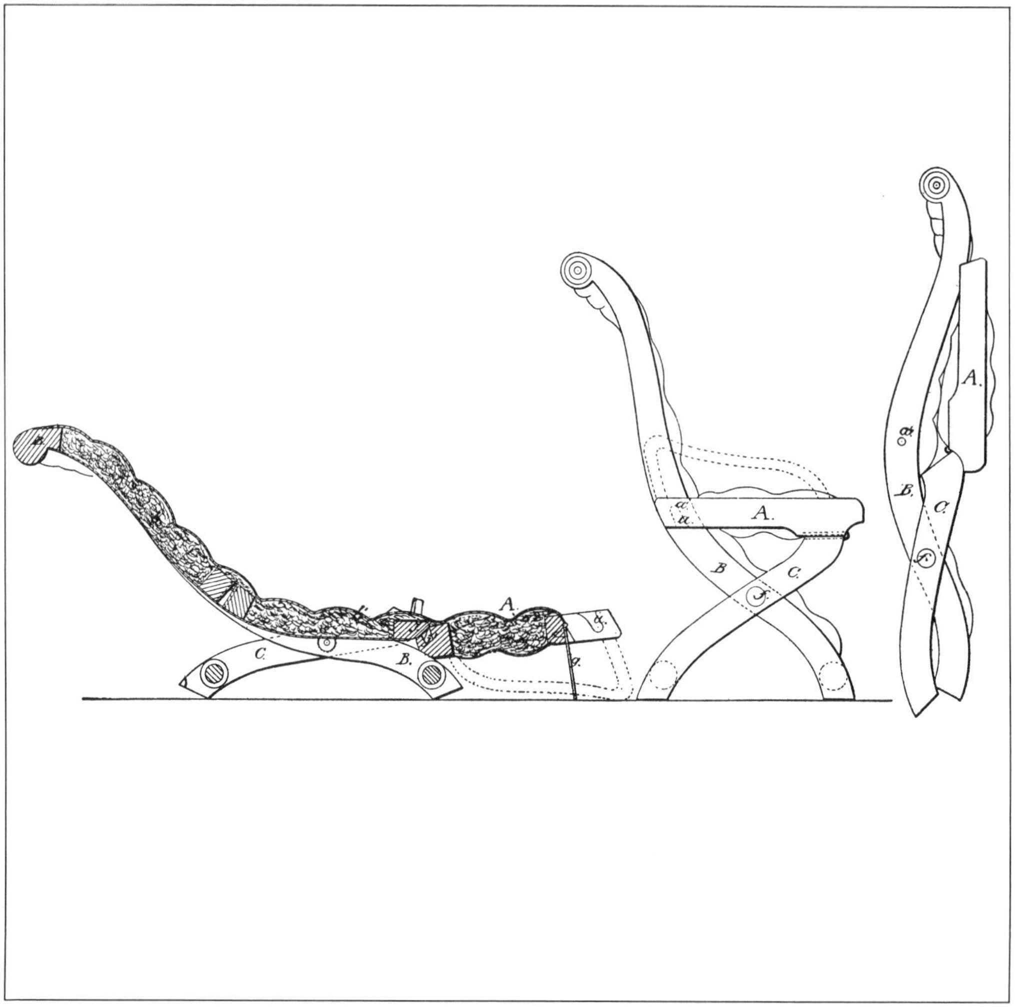

128–129
Standardelemente und Serienproduktion.

Louis Sullivan, (1856–1924): Kaufhaus Carson Pirie Scott, Chicago, 1899 und 1902–1907. Horizontale und vertikale Gliederung des Stahlskelettbauwerks mit feuersicherer Ummantelung der Stahlglieder.
Lehnstuhl nach einem US-Patent, 1874. Der Lehnstuhl verwandelt sich durch Kippen um 90° nach rückwärts in eine Liege.

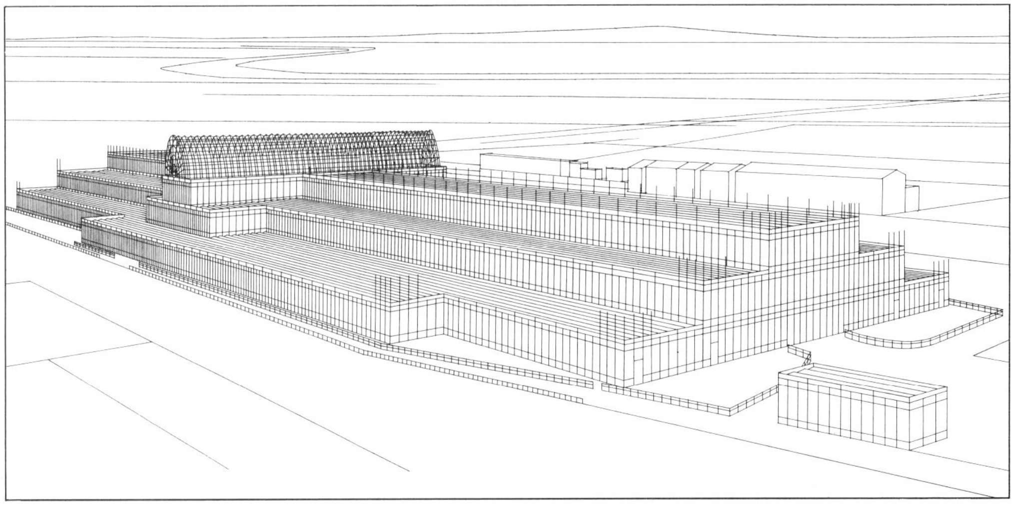

Joseph Paxton Gärtner und Konstrukteur, (1803–1865): Kristallpalast in London, Great Exhibition of the Industry of All Nations, 1851. Erstes großes Bauwerk aus industriell vorfabrizierten Einzelteilen, Stützenabstand 24 Fuß (7,32 m).
Schaukelstuhl, England, 1850.
Dieser elegante Schaukelstuhl wurde 1851 im Kristallpalast und 1862 auf der Londoner Weltausstellung gezeigt.

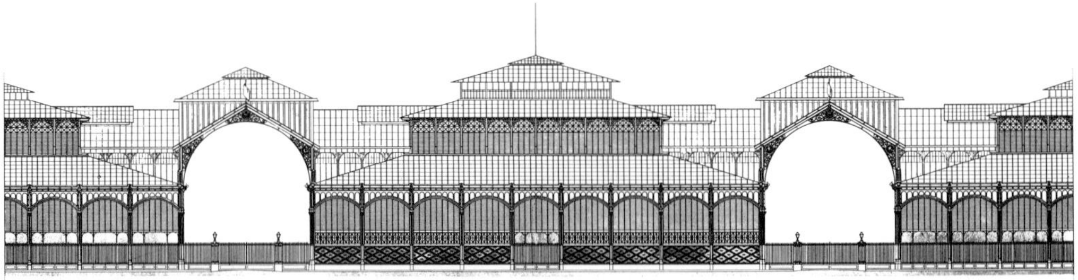

130–131
Formale und strukturierende Wirkung.

Victor Baltard (1805–1874) und Félix Callet (1791–1855): Les Halles, Paris, 1845–1866 (abgebrochen 1971) (oben links und rechts). Die Pariser Markthallen waren auf einem Rastersystem aufgebaut, dem sich alle Teile unterordnen. Das Grundmaß dieses Systems entspricht der Größe der Verkaufsstände von 2×2 m.
Gebrüder Thonet (Michael Thonet 1796–1871): zusammenklappbarer Bugholzstuhl, ca. 1873, mit eingehängtem Rohrgeflecht-Sitzrahmen, industriell gefertigt. Funktional vollendet, aber 50 Jahre lang verkannt!

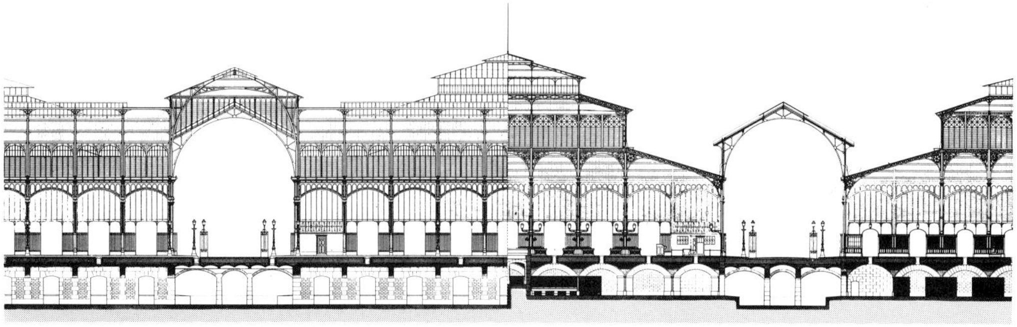

132–133
Integrität der Gestalt.

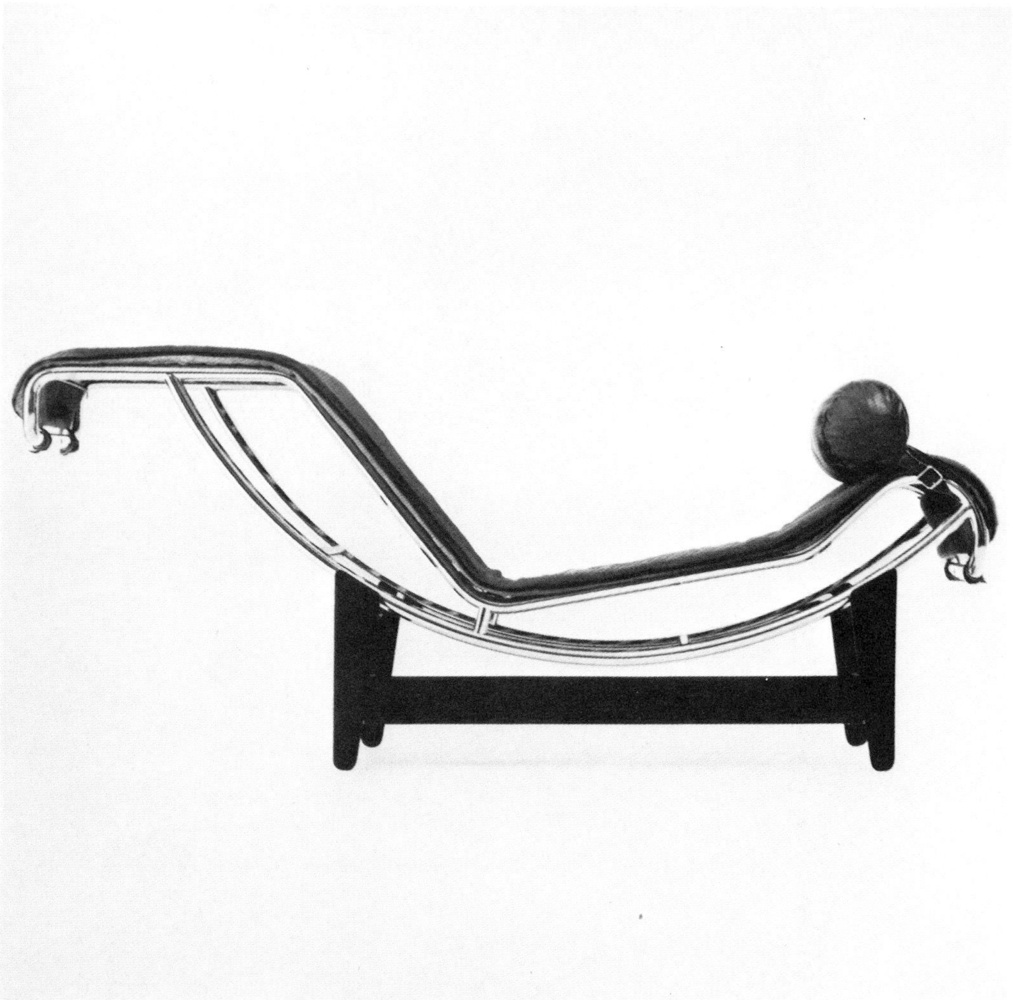

Le Corbusier (1887–1965) und Pierre Jeanneret (1896–1967): Heim der Heilsarmee, Paris, 1929–1933.
Vollständig luftdicht abgeschlossene Wohngebäude mit einer Glasfassade von 1000 m^2.
Le Corbusier und Charlotte Perriand: Chaiselongue à réglage continu, 1928.
Verstellbare Liege, zum ersten Mal gezeigt auf dem Salon d'Automne in Paris, 1929. Verchromtes Stahlrohr, schwarz lackiertes Eisen, Leder und Fell.

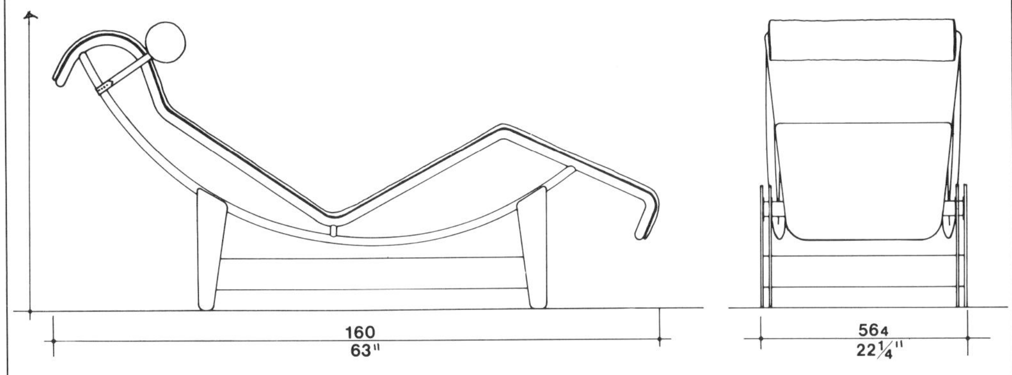

160
63"
564
22 1/4"

134–135
Transparenz und Volumen.

Konstantin Stepanowitsch Melnikow (1890–1974): Haus Melnikow in Moskau, 1929 (oben links und rechts).
Rhythmisierung der aus Sechsecken entwikkelten Fassadengestalt.
Eileen Gray (1879–1976): klappbarer Lehnstuhl, 1926.
Bequemlichkeit durch an zwei Punkten aufgehängte Rückenlehne.

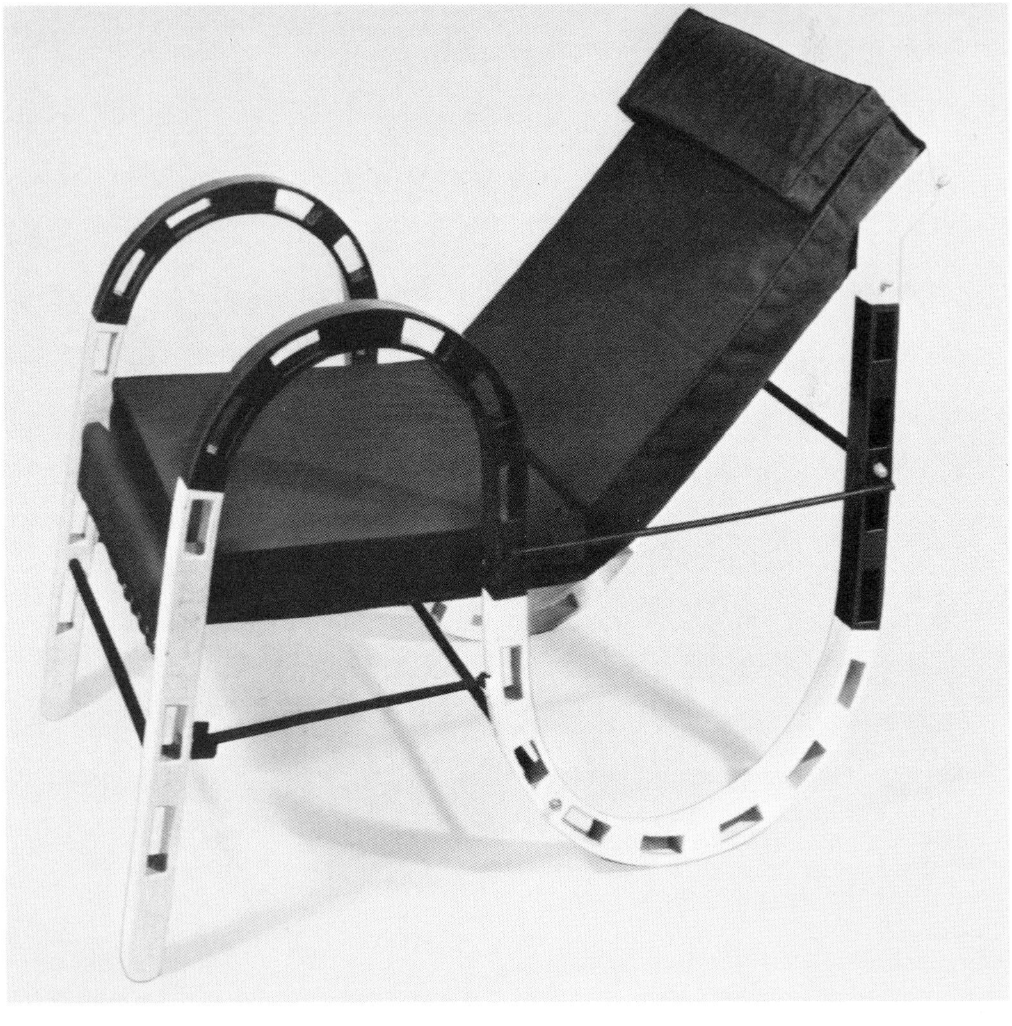

Eileen Gray: klappbarer Liegestuhl, 1934. Zwei ineinanderpassende Teile können auf die halbe Größe zusammengeklappt werden. Der Liegestuhl wurde für das Haus in Castellar, Südfrankreich, entwickelt.

136–137
Solidität, Nützlichkeit, Schönheit (nach Vitruv).

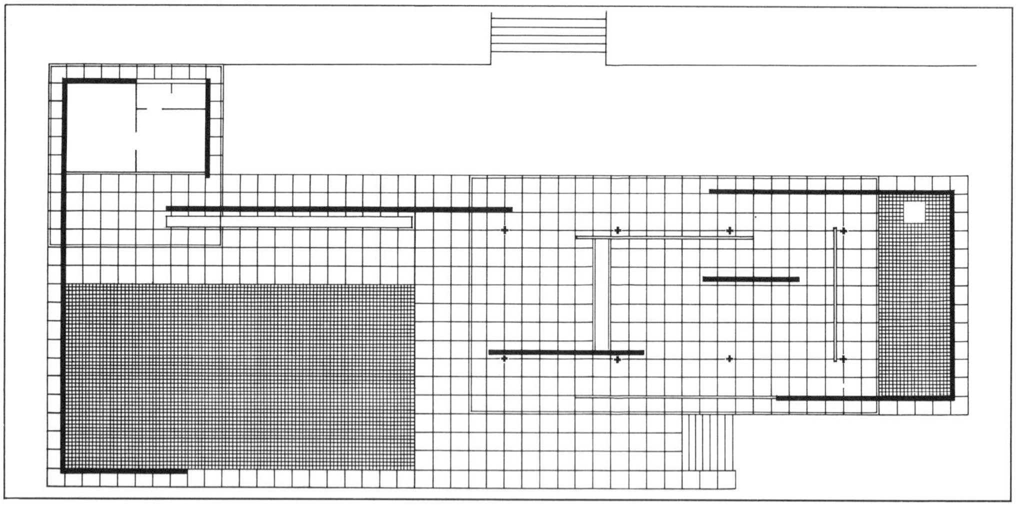

Ludwig Mies van der Rohe (1886–1969): Deutscher Pavillon auf der Internationalen Ausstellung in Barcelona, 1929.
Offenes Raumkonzept, der Pavillon hat außer der Repräsentation keine eigentliche Funktion.
Mies van der Rohe: Barcelona-Sessel, 1929. Rahmen aus verchromtem Bandstahl und lederbezogene Sitz- und Rückenflächen. Die Möbel haben ein halbes Jahrhundert überdauert.

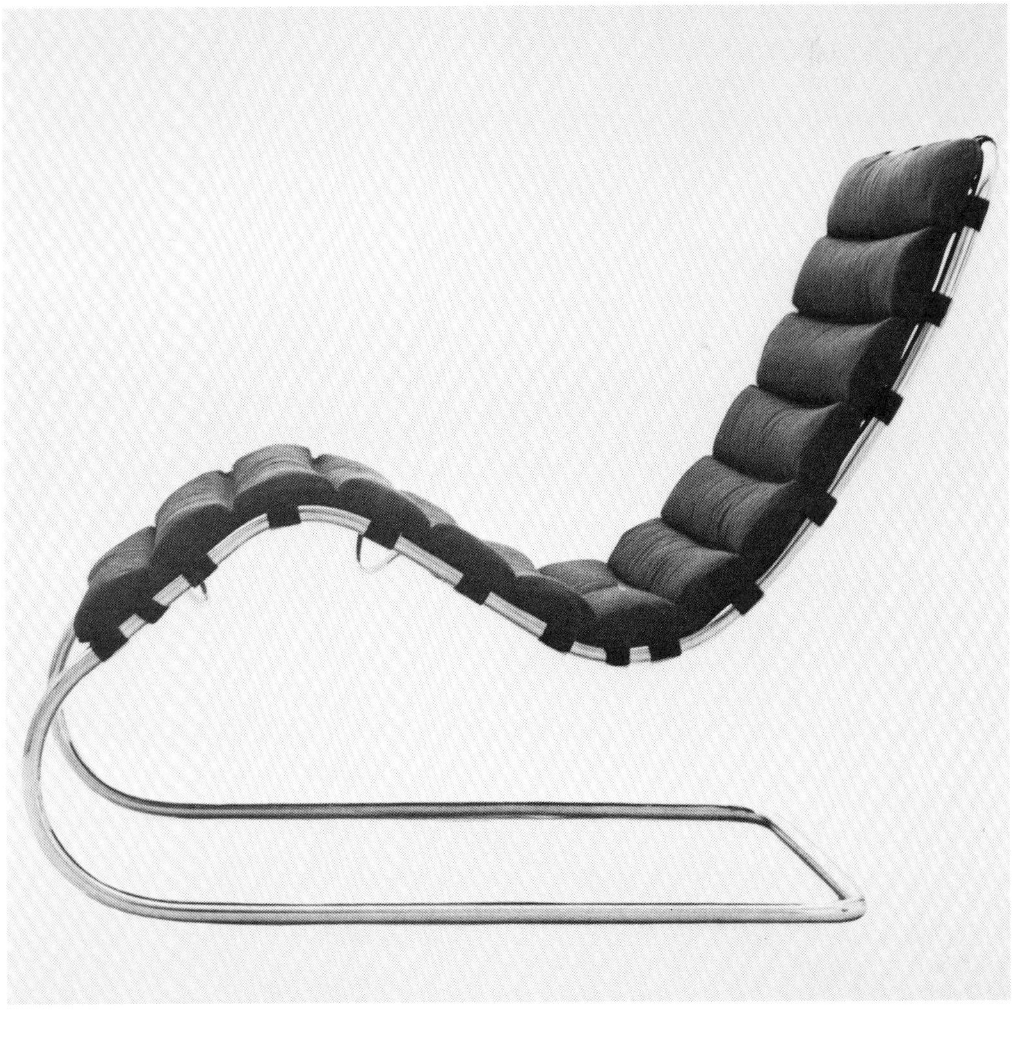

Mies van der Rohe: MR-Stühle im 26. Stockwerk der Lake Shore Drive Apartments in Chicago, 1948–1951.
Mies van der Rohe: MR-Liegestuhl, 1931.
Die MR-Stühle mit der ausgewogenen Gestalt sind typische »Klassiker« der dreißiger Jahre.

138–139
Gestalt des Materials durch Konstruktion.

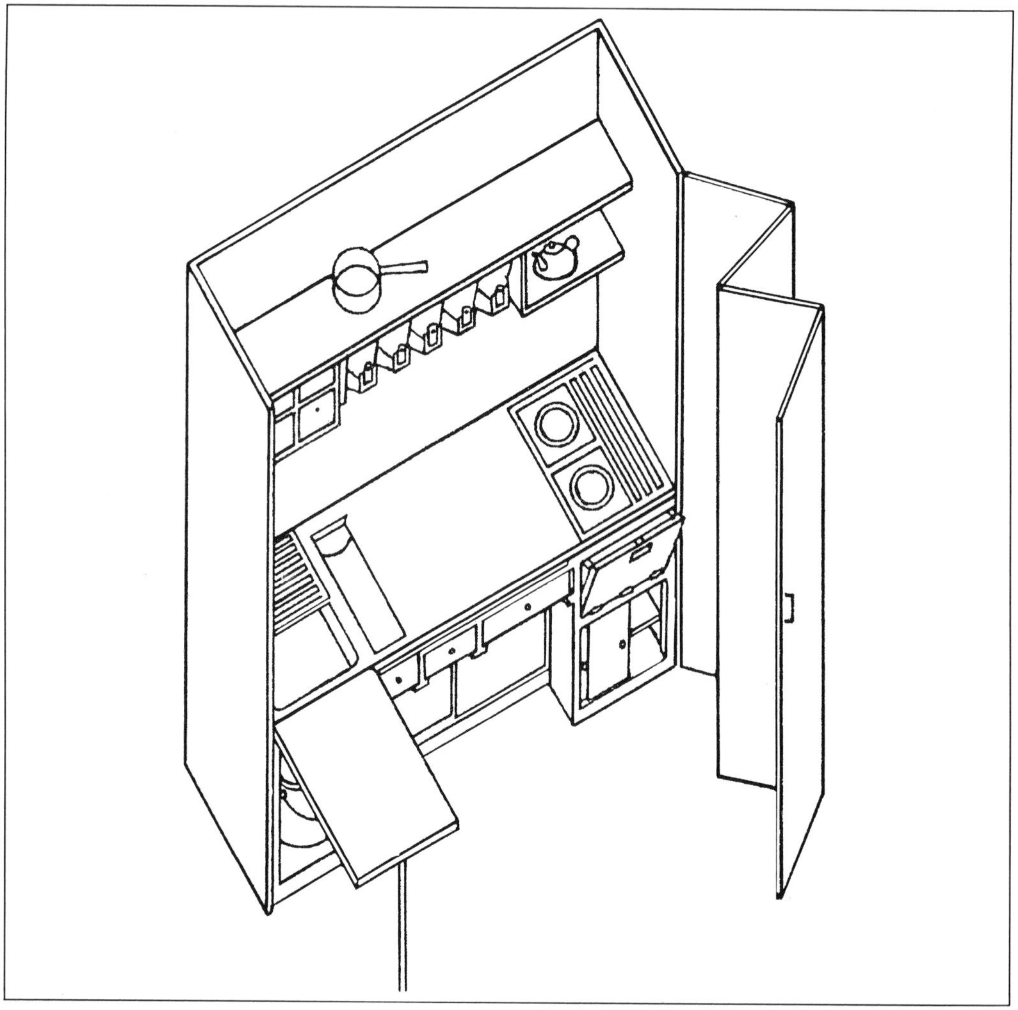

Moissej Jakowlewitsch Ginsburg (1892–1946): Appartementhaus auf dem Nowinski Boulevard, Moskau, 1928–1930.
Experimente in der UdSSR, um 1930.
Entwurf für eine Kochnische (Design Strojkom, Komitee für das Bauwesen der RSFSR).

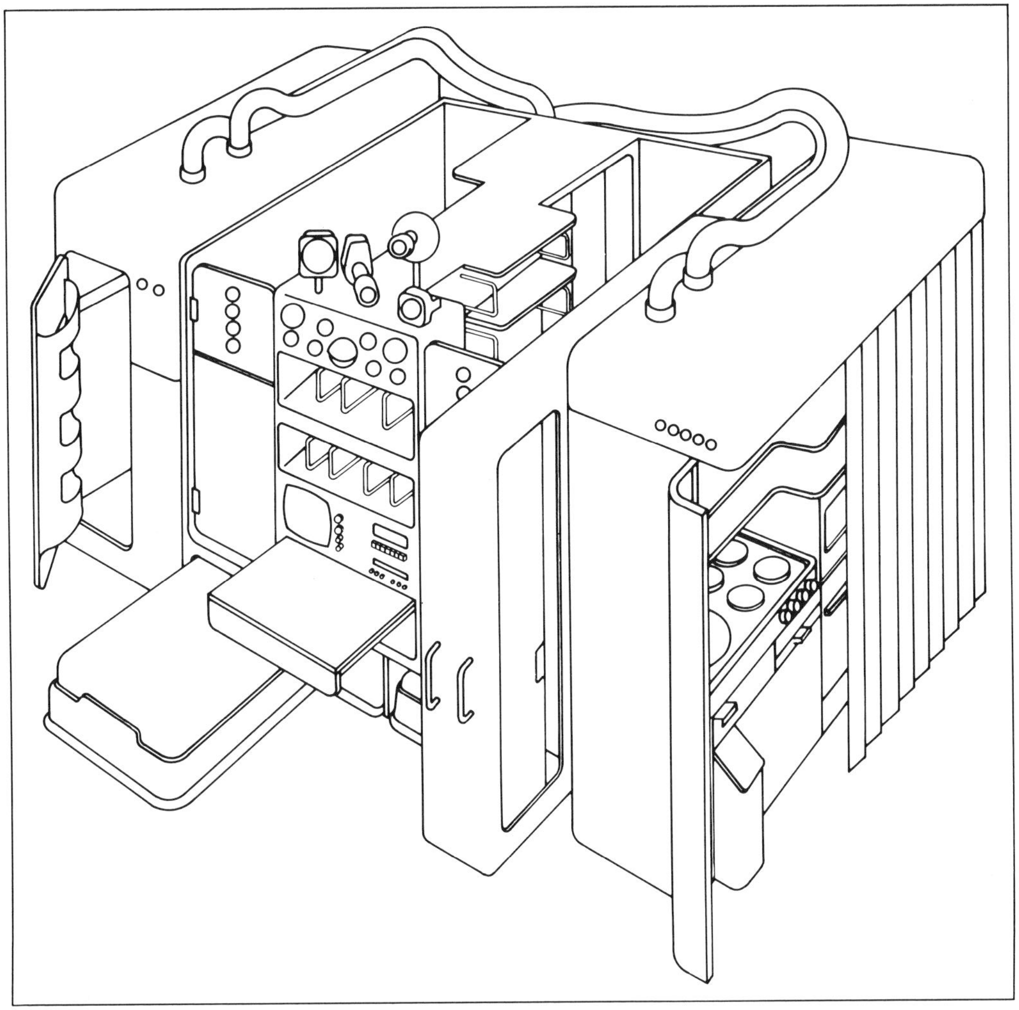

Giuseppe Mengoni: Galleria Vittorio Emanuele, Mailand, 1865.
Die Galleria verbindet die Piazza del Duomo mit der Piazza della Scala. Die Ladenpassage ist in einem pompösen Dekorationsstil, einer Mischung aus Neo-Renaissance und Neo-Barock, gehalten.
Joe C. Colombo (1930–1971): totale Wohneinheit »Furnishing Unit«, um 1969.

140
Möbel jenseits der Mode.

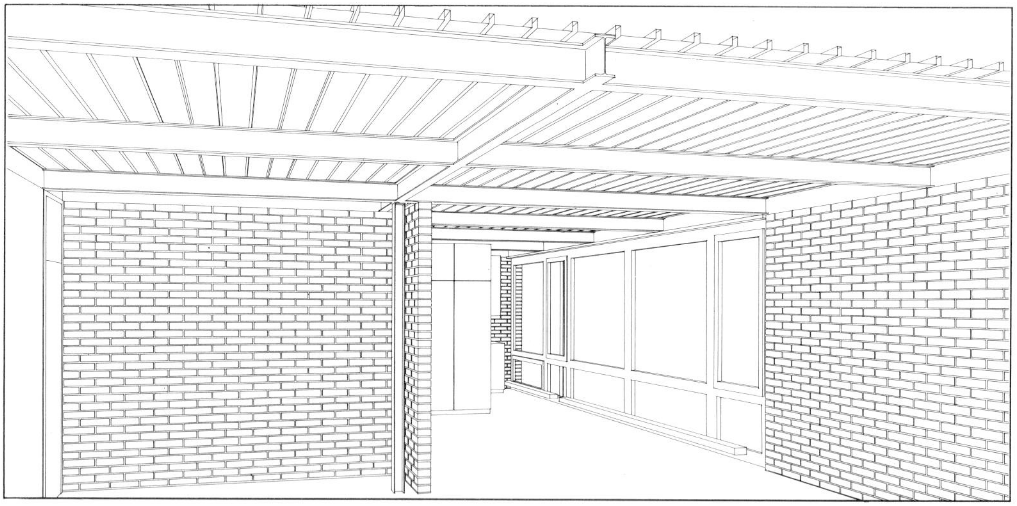

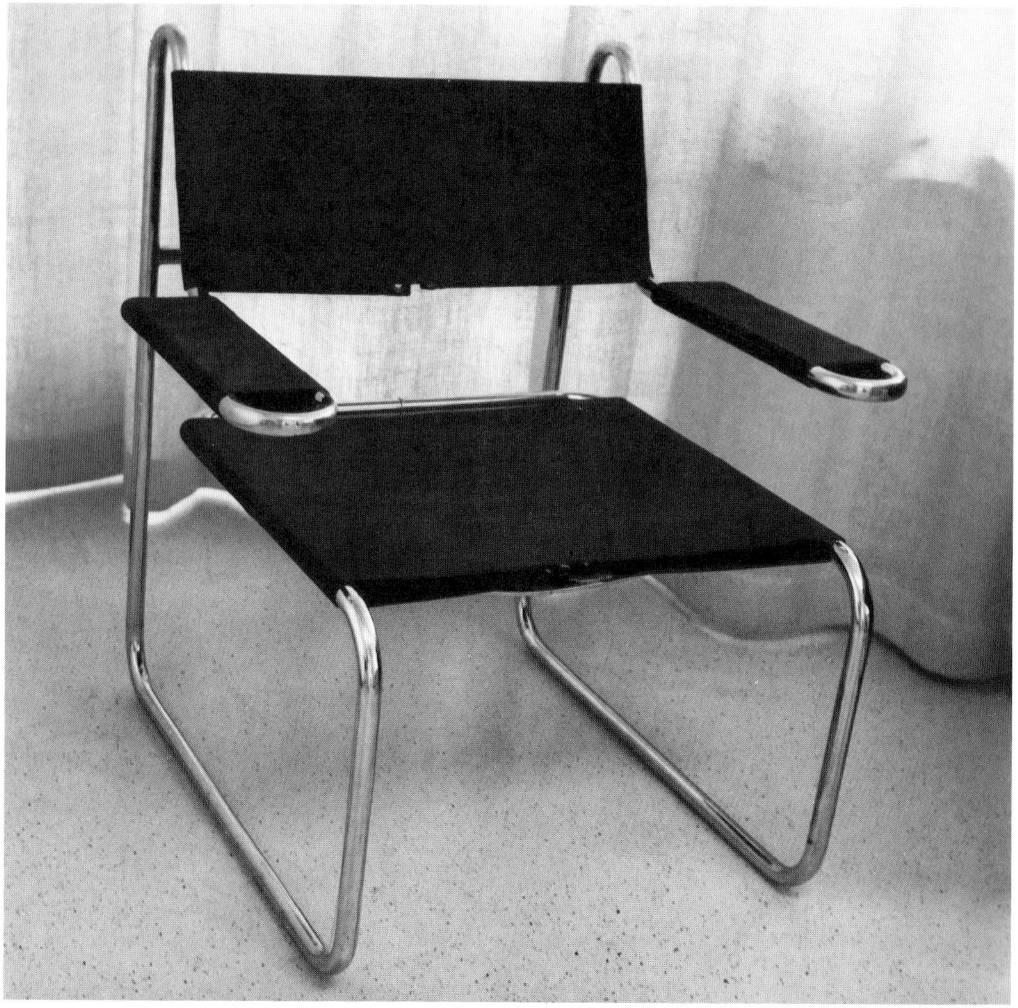

Werner Blaser: Wohnhäuser in Bottmingen bei Basel, 1968/69.
Cor-ten-Stahlkonstruktion und Sichtbackstein-Zweischalenmauerwerk. Bauen ist Konstruktion. Und Konstruktion heißt, jedes Detail bis ins kleinste zu durchdenken und aus dem schöpferischen Zusammenfügen der Details ein Ganzes zu schaffen.
Werner Blaser: Stahlrohrsessel mit Lederbespannung, 1964.
Sitzform aus einem »kontinuierlichen« Stahlrohr entwickelt, »all in line«, Larsen Furniture.

141–152

Bofinger-Sessel von Mehnert und Valenta, Entwicklungsabteilung der Bofinger-Produktion, 1973.

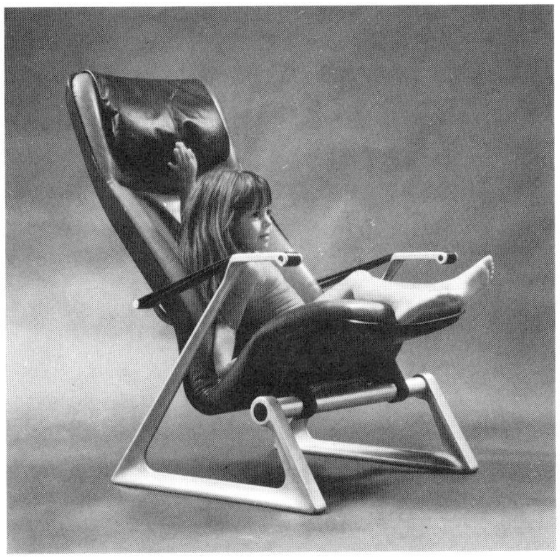

Das jüngste Modell aus der Entwicklungsabteilung der Bofinger-Produktion ist der Ruhesessel aus ABS-Kunststoff. Die Vorzüge dieses Möbels liegen in der Homogenität und der Schmiegsamkeit der ABS-Schale – Eigenschaften, die so vollständig ausgenutzt werden, daß sich der Bereich zwischen Rückenlehne und Sitz gänzlich der gewünschten Sitzhaltung anpaßt. Sitzen ist demnach keine Zwangshaltung mehr, sondern bewußt erlebte Entspannung. Das ergibt sich aus der ingeniösen Konstruktion, in der Sitz und Rückenlehne ganz einfach durch ein »Scharnier« zusammenspielen.

Der Bofinger-Sessel wurde vom Design Center Stuttgart des Landesgewerbeamtes Baden-Württemberg durch die Aufnahme in die Deutsche Auswahl 1980 ausgezeichnet. Neben dem deutschen Patent bestehen noch 14 Patente im Ausland.

Im Bofinger-Sessel kann man nach Belieben sitzen, ohne ihn jeweils verändern zu müssen. Immer läßt sich die bequemste Sitzposition (ohne zusätzliche Mechanik) finden.

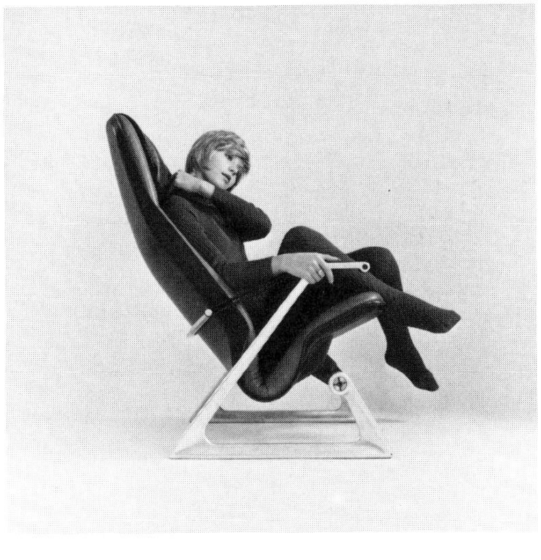

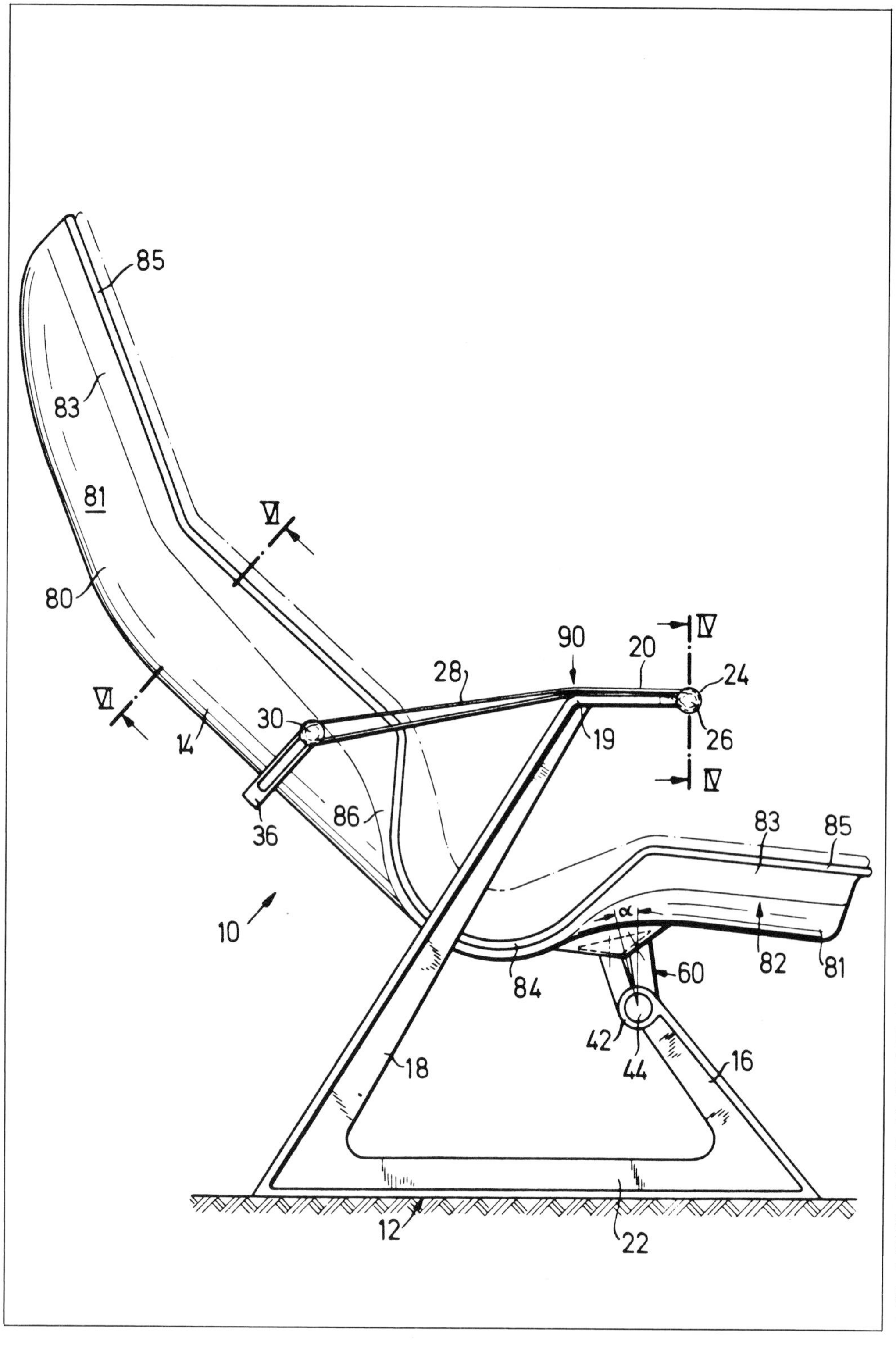

Sitzschale: Kunststoff, schwarz, extrem belastbar mit flexiblem Bereich zwischen Sitzfläche und Rückenlehne.
Sitzpolsterung: Nappaleder schwarz oder fuchsbraun.
Armlehnen und Kopfkissen: Nappaleder schwarz.
Untergestell und Rückenbügel: Aluminium poliert.
Gesamthöhe 98 cm, Breite 64 cm, Länge 100 cm, Sitzhöhe 35 cm.
Konstruktionszeichnung aus der Patentschrift, 1973.

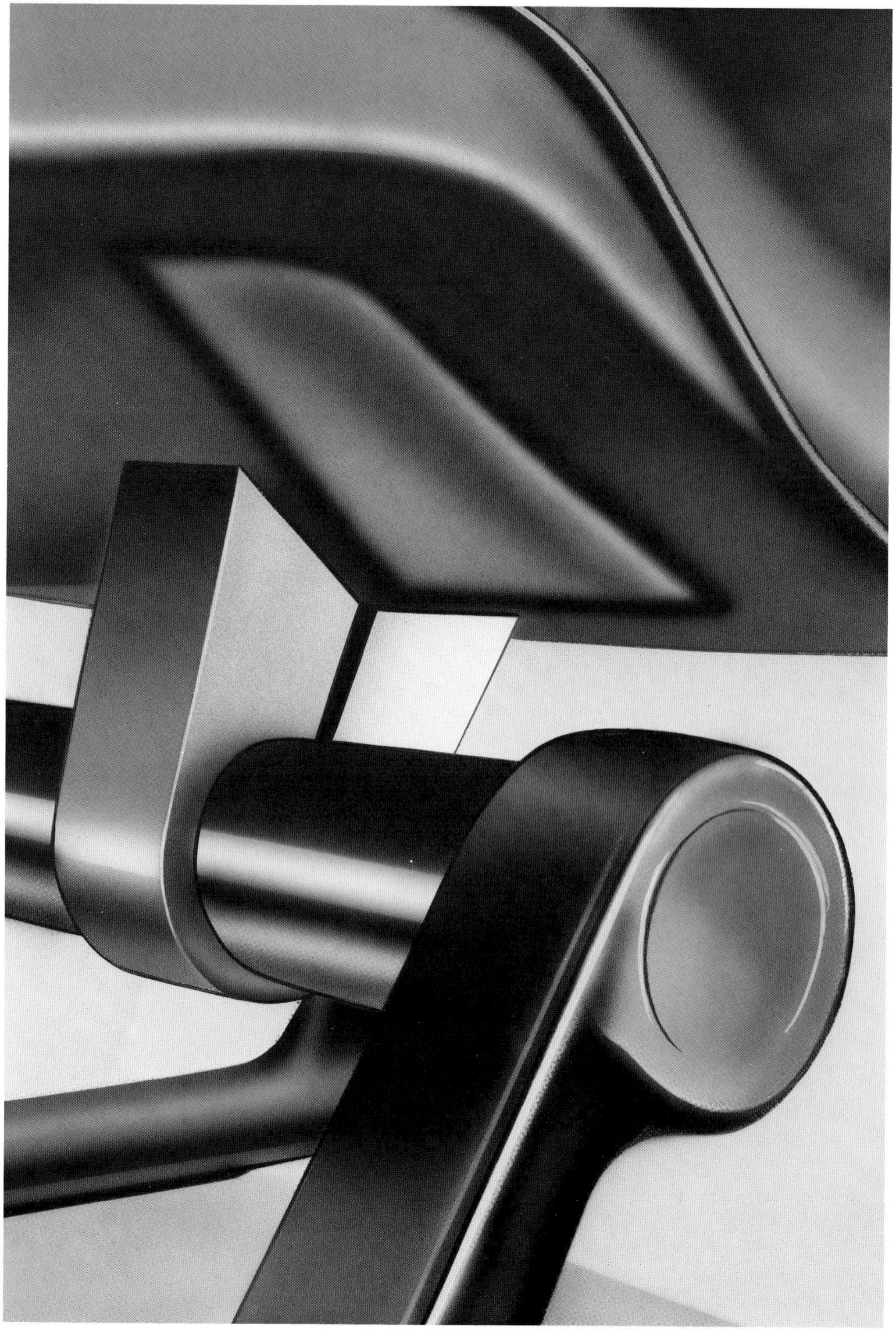

Wie oft man auch die Sitzhaltung verändert, der Bofinger-Sessel paßt sich stets perfekt an, ohne daß man einen Knopf, eine Stange, eine Feder oder einen Hebel zu betätigen braucht.
Man hört entspannt Radio, nimmt eine Zeitung auf, greift nach der Kaffeetasse auf dem Tisch: In wenigen Sekunden hat man drei verschiedene Sitzhaltungen eingenommen, und der Bofinger-Sessel folgt all diesen Haltungen perfekt, ohne daß man einen Finger rühren muß. Ein leichter Beindruck – schon nehmen Sitz und Rückenlehne genau die Position ein, die man gerade wünscht, und zwar genauso lange, wie man sie beibehalten will.

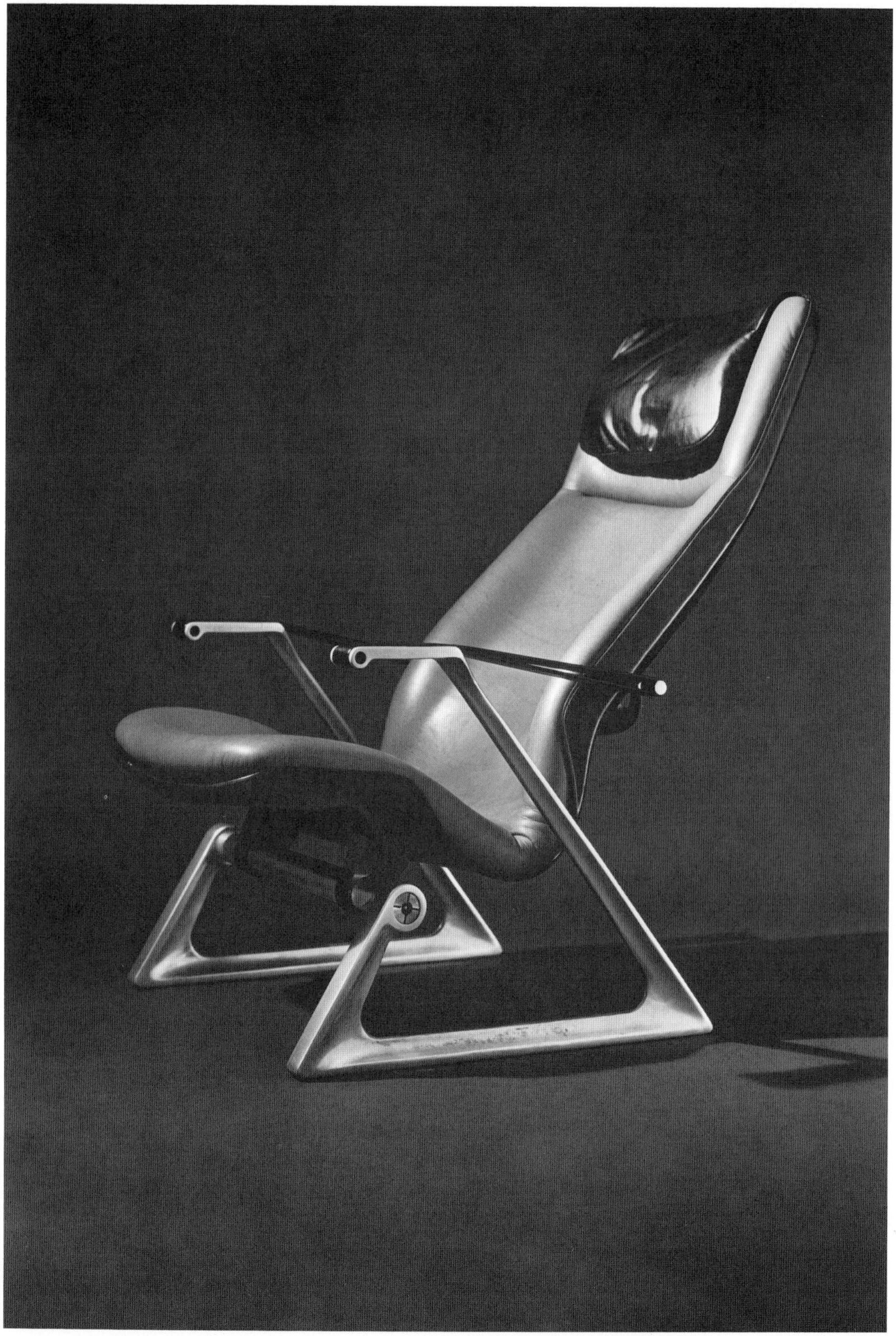

Der Ruhesessel ist eine Sitzschale aus ABS, also aus einem sehr biegsamen Werkstoff. Die für den Gebrauch bedeutsame Neuerung bei diesem Sessel liegt in der absoluten Auswertung der homogenen und anschmiegsamen Eigenschaft der ABS-Schale. Die Übergangszone zwischen Rückenlehne und Sitz paßt sich völlig der gewünschten Sitzhaltung an. Wiederum ein gutes Beispiel für das spezifische Einfühlen in den Rohstoff und in dessen funktionelle Eigenschaften.

Sitzen ist kein passiver Zustand mehr, sondern ein bewußt erlebter, erholsamer Genuß. Man kann auch in jedem anderen Sessel mit variabler Sitz- und Lehnenneigung sitzen. Nur findet man dort immer irgendeinen Verstellmechanismus: Beschläge, Gestänge, Federn, Raster und Hebel. In diesem Sessel sitzt man nicht, wie der Sessel will, sondern wie man selber will.

Nachbemerkungen

Das vorliegende Buch stellt einen Versuch dar, erstmals an drei Arbeitsbeispielen den Geist darzulegen, aus dem Idee und Gestalt der Bofinger-Produkte entstanden sind. Im Prozeß einer Konzept-Entwicklung ist eine Absichtserklärung enthalten: aus dem Geist der Zeit für die Menschen dieser Zeit charaktervolle, zukunftsgerichtete Produkte auf den Markt zu bringen. Diese Produkte entstanden in der kurzen, aber wichtigen Periode der fünfziger, sechziger und siebziger Jahre. Denken und Gestalten aus einer engagierten Grundhaltung bilden die Basis des kreativen Vorgangs. Die Analyse und Synthese der drei systematischen Beiträge sollen ermöglichen, in vielfältiger Weise neue Konzepte im Bereich der Wohnwelt vorzustellen. Eine intensive Gegenüberstellung von Technik und Gestalt kann jene Lebensnähe vermitteln, auf welche wir heute weniger denn je verzichten können.
Weiterhin soll das Buch Denkmodelle aufzeigen, wie sie in der Nachkriegszeit von einem mittleren Unternehmen der Möbelbranche angewandt worden sind. Dies betrifft besonders auch die funktionelle Anwendung von neueren Werkstoffen, zum Beispiel von verschiedenen Kunststoffen im Möbelbau und deren Einsatz im Wohnbereich.
Dem Team der Deutschen Verlags-Anstalt, mit dem ich schon früher die beiden Monographien über die Interieurs von Mies van der Rohe und Alvar Aalto herausgebracht habe, besonders Nora von Mühlendahl, gilt mein Dank. Es ist mir ein Bedürfnis, Rudolf Baresel-Bofinger für seine verständnisvolle und unermüdliche Mitarbeit an diesem Buch aufrichtig zu danken.
Das Landesgewerbeamt Baden-Württemberg mit seinem Design Center hat diese Arbeit finanziell unterstützt. Seinem Präsidenten, Dr. Karl Reuss, und dem Leiter des Design Center, Ernst Josef Auer, gilt mein besonderer Dank, ebenso dem Verband der Württembergischen Holz- und Kunststoffindustrie für seine Hilfe. Freundlicherweise haben Maja Kaufmann und Hans Conrad die Texte durchgelesen.
Ich hoffe, daß dieses Buch Leben, Miterleben und Begeisterung vermitteln kann, die man heute nicht mehr oft findet, und daß es im Wirrwarr der stilistischen Ansätze neue Perspektiven für Wohnkonzepte zu eröffnen vermag.

Verwendete Literatur

Petra Eisele: Babylon, Bern 1980
Hans Jenny: Kymatik, Basel 1967
Odette Monod-Bruhl: Indian Temples, London 1937
Ajit Mookerjee: Tantra Asana, Wien 1971
Silvanus Griswold Morley: The Ancient Maya, Stanford 1956
Hugo Münsterberg: Der indische Raum, Baden-Baden 1970
Ernst Neufert: Bauordnungslehre, Berlin 1943
Lama Anagarika Govinda: Schöpferische Meditation und multidimensionales Bewußtsein, Freiburg i. Br. 1977
Land des Baal, Mainz 1982
Le Corbusier: Kommende Baukunst, Stuttgart 1926
Tibetica, Georg Schoettle, Stuttgart, Katalog
Adolf Wangart: Das Münster zu Freiburg im Rechten Maß, Freiburg i. Br. 1972
Walther Wolf: Frühe Hochkulturen, Stuttgart 1969
Emily Ambasz: The New Domestic Landscape, New York 1972
Willy Boesiger: Le Corbusier, Zürich 1972
Georges Candilis: Bugholzmöbel, Stuttgart 1980
Selim O. Chan-Magomedow: Pioniere der sowjetischen Architektur, Wien 1983
Paul Chemetov, Bernard Marrey: Architecture Paris 1848–1914, Paris 1980
Walter Diethelm: Visual Transformation, Zürich 1982
Gustav Ecke: Chinese Domestic Furniture, Hongkong 1962
Hans Eckstein: Der Stuhl, München 1977
Wend Fischer: Geborgenheit und Freiheit. Vom Bauen mit Glas, Krefeld 1970
Johann F. Geist, Passagen, München 1969
Sigfried Giedion: Space, Time and Architecture, Cambridge/Mass. 1954 (deutsch: Raum, Zeit, Architektur, Ravensburg 1965)
Sigfried Giedion: Mechanisation Takes Command, New York 1948 (deutsch: Die Herrschaft der Mechanisierung, Frankfurt 1982)
Edmund Goldzamt: William Morris, Dresden 1976
Helmuth Gsöllpointher: Design ist unsichtbar, Wien 1981
Gerd Hatje: Knaurs Lexikon der modernen Architektur, München 1963
Stefan Koppelkamm: Gewächshäuser und Wintergärten im 19. Jahrhundert, Stuttgart 1981
Le Corbusier: Vers une Architecture, Paris 1923 (deutsch: Kommende Baukunst, Stuttgart 1926)
Bertrand Lemoine: Les Halles de Paris, Paris 1980
Karl Mang: Geschichte des modernen Möbels, Stuttgart 1978
Lorenzo Fonseca Martinez: La Arquitectura de la vivienda rural en Colombia, Bogota 1980
C. F. Naumanns: Lehrbuch der Geognosie, Leipzig 1849–1854
Pier Luigi Nervi: Bauten und Projekte, Stuttgart 1957
Nikolaus Pevsner: Lexikon der Weltarchitektur, München 1971
Steen Eiler Rasmussen: Architektur Erlebnis, Stuttgart 1980
Erich Schild: Zwischen Glaspalast und Palais des Illusions, Berlin 1967
Hans Schwippert: Denken Lehren Bauen, Düsseldorf 1982
Klaus-Jürgen Sembach: Stil 1930, Tübingen 1971
Jan Slothouber, William Graatsma: Cubic Constructions Compendium, Deventer 1970
Siegfried Wichmann: Weltkulturen und moderne Kunst, München 1972
Bruno Zevi: Frank Lloyd Wright, Zürich 1980

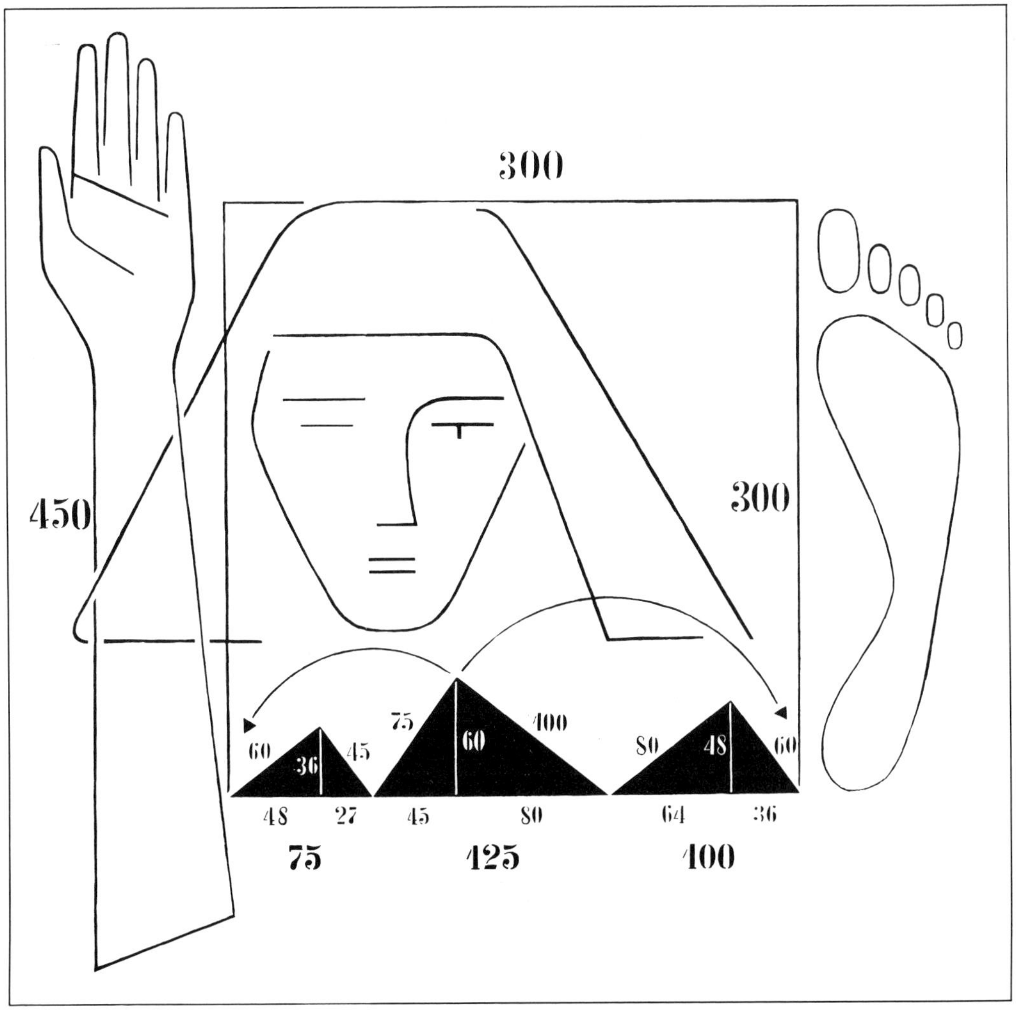

Aulis Blomstedt (1906–1980): Harmonische Studien, Canon 60, Dreieckszahlen 75/100/125 in Relation zum menschlichen Maßstab, eine Maßstudie für standardisiertes Bauen.

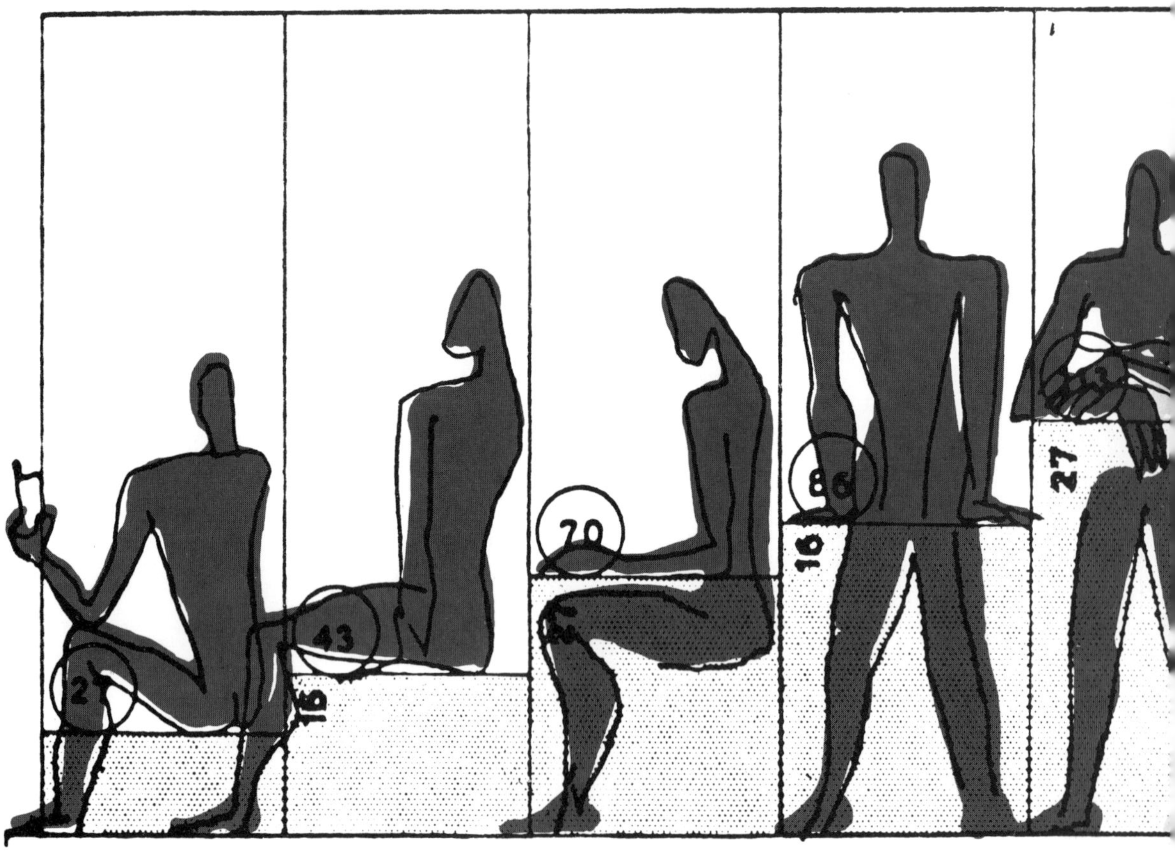

Le Corbusiers Diagramm, das die Maße des Modulors und deren Anpassung an verschiedene menschliche Stellungen zeigen soll.
Der Modulor: Proportionsstudie von Le Corbusier, Paris 1948–1951, eine Proportionsskala, die nach Albert Einstein das Schlechte schwierig und das Gute leicht macht.
Der Modulor fußt auf zwei Reihen, die durch den Goldenen Schnitt ermittelt und auf die menschlichen Körperverhältnisse bezogen sind. Der Mensch ist 183 cm groß und kann bis zu 226 cm hinaufreichen. Die Hälfte davon ist 113 cm (Nabelhöhe).

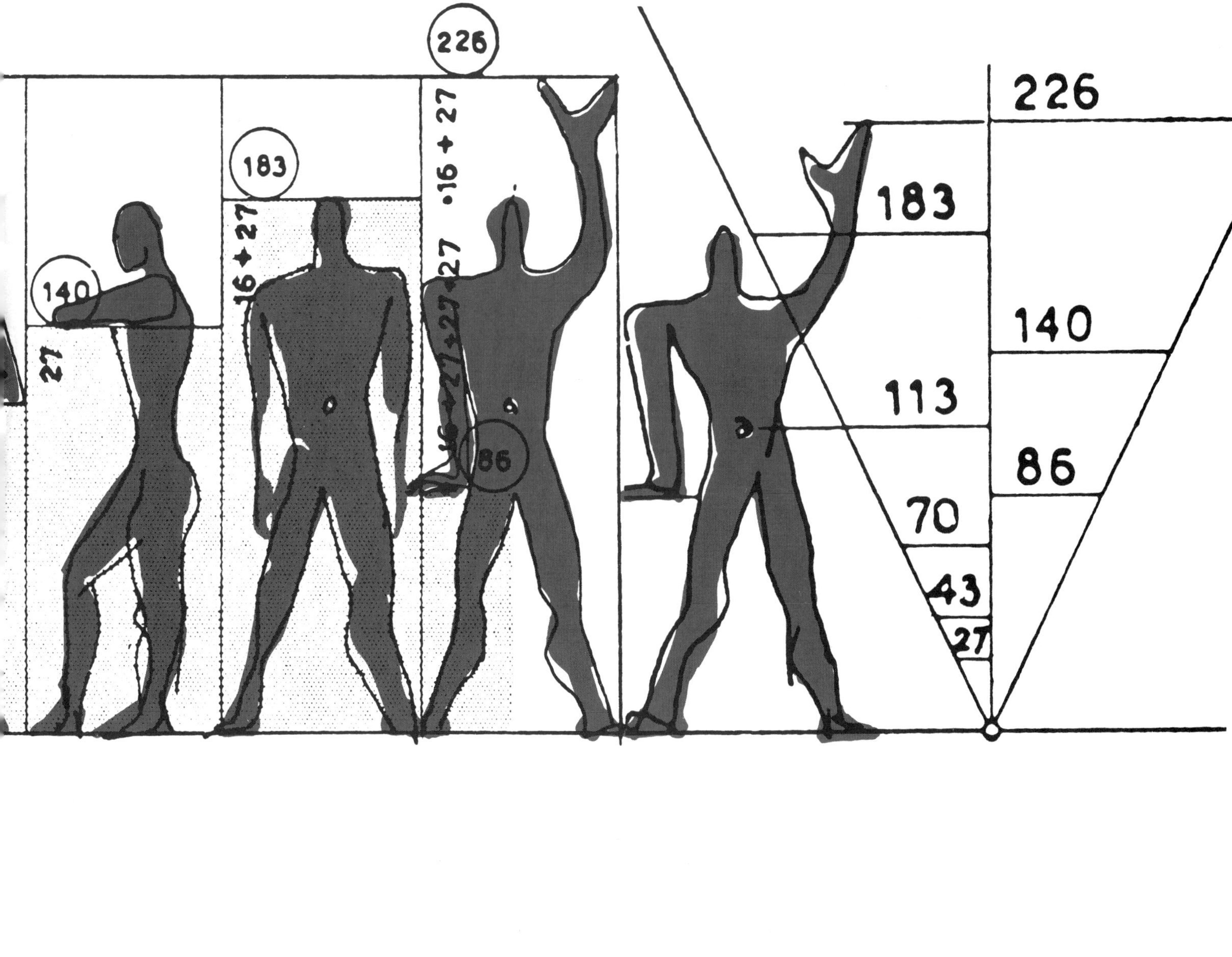

226
183
140
27
16 + 27
•16 + 27
27
86
226
183
140
113
86
70
43
27

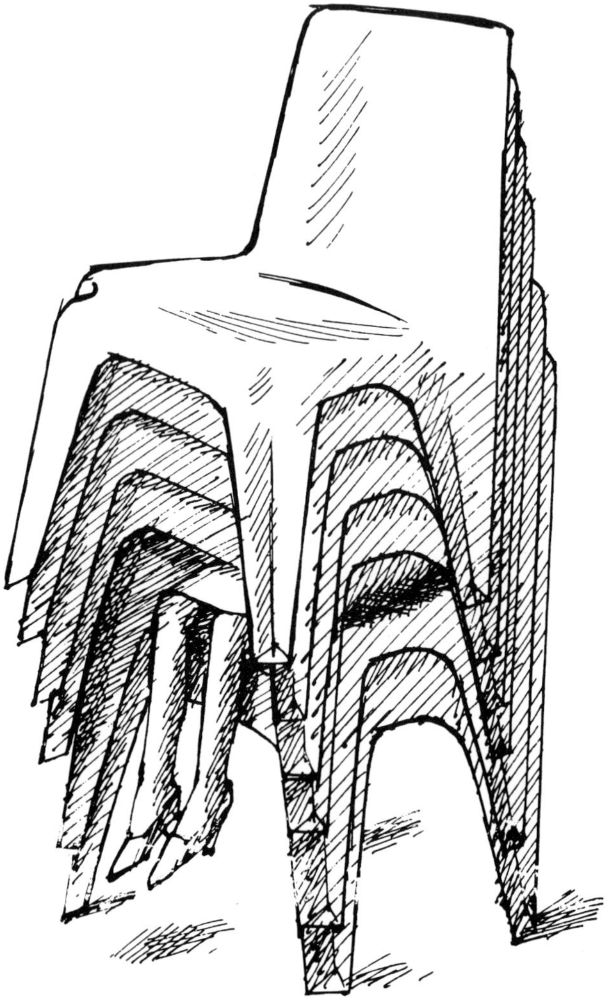

Cartoon von Jules Stauber: Die Welt ist rund.
158 Aus »Nebenspalter« – Ende der Saison.

Literatur von Werner Blaser zum Thema dieses Buches

Tempel und Teehaus in Japan, Olten 1955
Wohnen und Bauen in Japan, Teufen 1958
Struktur und Gestalt in Japan, Zürich 1963
Mies van der Rohe – Die Kunst der Struktur, Zürich 1965
Objektive Architektur – Beispiel Skin and Skeleton, Krefeld 1970
Chinesische Pavillon-Architektur, Teufen 1974
Struktur und Textur, Krefeld 1976
Hofhaus in China – Tradition und Gegenwart, Basel 1979
Filigran-Architektur – Metall- und Glaskonstruktionen, Basel 1980
Architecture 70/80 in Switzerland, Basel 1981
Mies van der Rohe – Möbel und Interieurs, Stuttgart 1981
Mies van der Rohe – Continuing the Chicago School of Architecture, Basel 1981
Alvar Aalto als Designer, Stuttgart 1982
Elementare Bauformen – Quellen moderner Architektur, Düsseldorf 1982
Klappstühle, Basel 1982

Hommage an Hans Gugelot

Professor Hans Gugelot (1920–1965) war Designer, Architekt und Dozent an der Hochschule für Gestaltung, Ulm. Er wurde als Sohn einer holländischen Arztfamilie in Makassar, Indonesien, geboren. 1940–1942 Studium der Architektur in Lausanne, 1942–1946 an der ETH Zürich. 1946–1954 Diplom-Architekt in Zürich – zeitweise Zusammenarbeit mit Max Bill. 1954 als Dozent nach Ulm berufen. 1954 entstand auch die erste entscheidende Arbeit, die von weitreichendem Einfluß war: das Möbelsystem M 125. 1955 löste er die ersten gestalterischen Aufgaben für Max Braun. Man darf sagen, daß Hans Gugelot einer der bedeutendsten und erfolgreichsten Designer unserer Zeit war. Eine Wanderausstellung, aufgebaut in der »Neuen Sammlung« in München im April 1984, würdigt das Schaffen von Hans Gugelot.

Signet der Firma Wilhelm Bofinger in Stuttgart. Sämtliche Bofinger-Modelle sind im Fachhandel erhältlich.

Weitere Bücher von Werner Blaser
in der Deutschen Verlags-Anstalt

Werner Blaser
Mies van der Rohe – Möbel und Interieurs
144 Seiten mit 220 Abbildungen
Format 24×22 cm
Gebunden mit Schutzumschlag

Die Bedeutung und der Bekanntheitsgrad des gebauten Werkes von Mies van der Rohe lassen häufig übersehen, daß er auch außergewöhnliche Leistungen auf dem Gebiet der Innenraumgestaltung und des Möbelbaus erbracht hat. Werner Blaser, der jahrelang bei Mies in Chicago gearbeitet und mehrere Bücher über seinen großen Lehrmeister veröffentlicht hat, stellt hier alle bedeutenden Möbelentwürfe sowie Interieurs der wichtigsten Bauten in zahlreichen Fotos, Handskizzen und maßstäblichen Zeichnungen vor. Für sämtliche Beispiele gilt das Wort von Mies, »daß abstrakte Elemente von Kontrast, Rhythmus, Gleichgewicht, Proportion und Maßstab erst dann wirklich werden, wenn sie destilliert werden durch den Charakter der Materialien. Sie leben nur, wenn sie die Methoden ausdrücken, die jenen Materialien zugehören, nur wenn sie im Einklang stehen mit den Kräften, die in ihnen wirken.« Auch fundierte Kenner des baukünstlerischen Werkes von Mies werden in diesem Buch ihnen bisher unbekannten Projekten und Aspekten begegnen.

Werner Blaser
Alvar Aalto als Designer
144 Seiten mit 166 Abbildungen
Format 24×22 cm
Gebunden mit Schutzumschlag

Unter den Meisterarchitekten der Moderne nimmt der Finne Alvar Aalto eine besondere Stellung ein. Sein Werk ist Ausdruck einer starken Persönlichkeit, der Abstraktion abgeneigt und durch den Charakter seines Heimatlandes bestimmt. Diese Eigenständigkeit ist auch der Grund dafür, daß Aaltos Bauten und Möbel nie der heute gängigen Kritik an der modernen Architektur ausgesetzt waren. Sie stehen vielmehr für die großen und gültigen Leistungen der Moderne, die vom Zeitgeschmack unbeeinträchtigt bleiben. Aaltos Möbelwerk ist bisher nicht gesondert dokumentiert worden. Dabei sind seine vielfältigen Experimente mit dem Werkstoff Holz bahnbrechend für die Entwicklung des modernen Möbels gewesen, im besonderen der skandinavischen Modelle, die weltweite Verbreitung gefunden haben.
Die meisten dieser Möbelstücke wurden im Zusammenhang mit einer speziellen Bauaufgabe Aaltos gestaltet und erprobt, ehe er sie zur Serienfertigung freigab. Werner Blaser ist während seiner Mitarbeit in Aaltos Büro Zeuge dieser Entwicklung gewesen und wie kein anderer dazu prädestiniert, das Möbelwerk dieses großen finnischen Architekten zu erläutern und zu kommentieren.